내 몸을 지켜라!

면역과 질병

사진출처

셔터스톡_ 20p 페스트균 / 21p 마스크를 쓴 미군 / 24p 백신 / 72p 꽃가루 / 74p HIV / 75p 전신 홍반 루푸스, 류머티즘성 관절염 / 92p 태양 코로나 / 94p 코로나19 백신

위키피디아_ 92p 코로나바이러스

연합뉴스_ 100p 인공지능을 활용한 암 치료 / 101p 디지털 치료 기기 솜즈

통합교과 시리즈
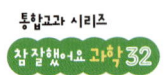

내 몸을 지켜라! 면역과 질병

ⓒ 김희정, 2024

1판 1쇄 발행 2024년 4월 30일

글 김희정 | **그림** 뿜작가 | **감수** 서울과학교사모임
펴낸이 권준구 | **펴낸곳** (주)지학사
본부장 황홍규 | **편집장** 김지영 | **편집** 박보영 이지연 | **교정교열** 김새롬
디자인 이혜리 | **마케팅** 송성만 손정빈 윤술옥 | **제작** 김현정 이진형 강석준 오지형
등록 2010년 1월 29일(제313-2010-24호) | **주소** 서울시 마포구 신촌로6길 5
전화 02.330.5263 | **팩스** 02.3141.4488 | **이메일** arbolbooks@jihak.co.kr
ISBN 979-11-6204-162-8 73400

잘못된 책은 구입하신 곳에서 바꿔 드립니다.

 제조국 대한민국   사용연령 8세 이상
KC마크는 이 제품이 공통안전기준에 적합하였음을 의미합니다.

 지학사아르볼   아르볼은 '나무'를 뜻하는 스페인어. 어린이들의 마음에 담긴 씨앗을 알찬 열매로 맺게 하는 나무가 되겠습니다.
홈페이지 www.jihak.co.kr/arb/book | 포스트 post.naver.com/arbolbooks

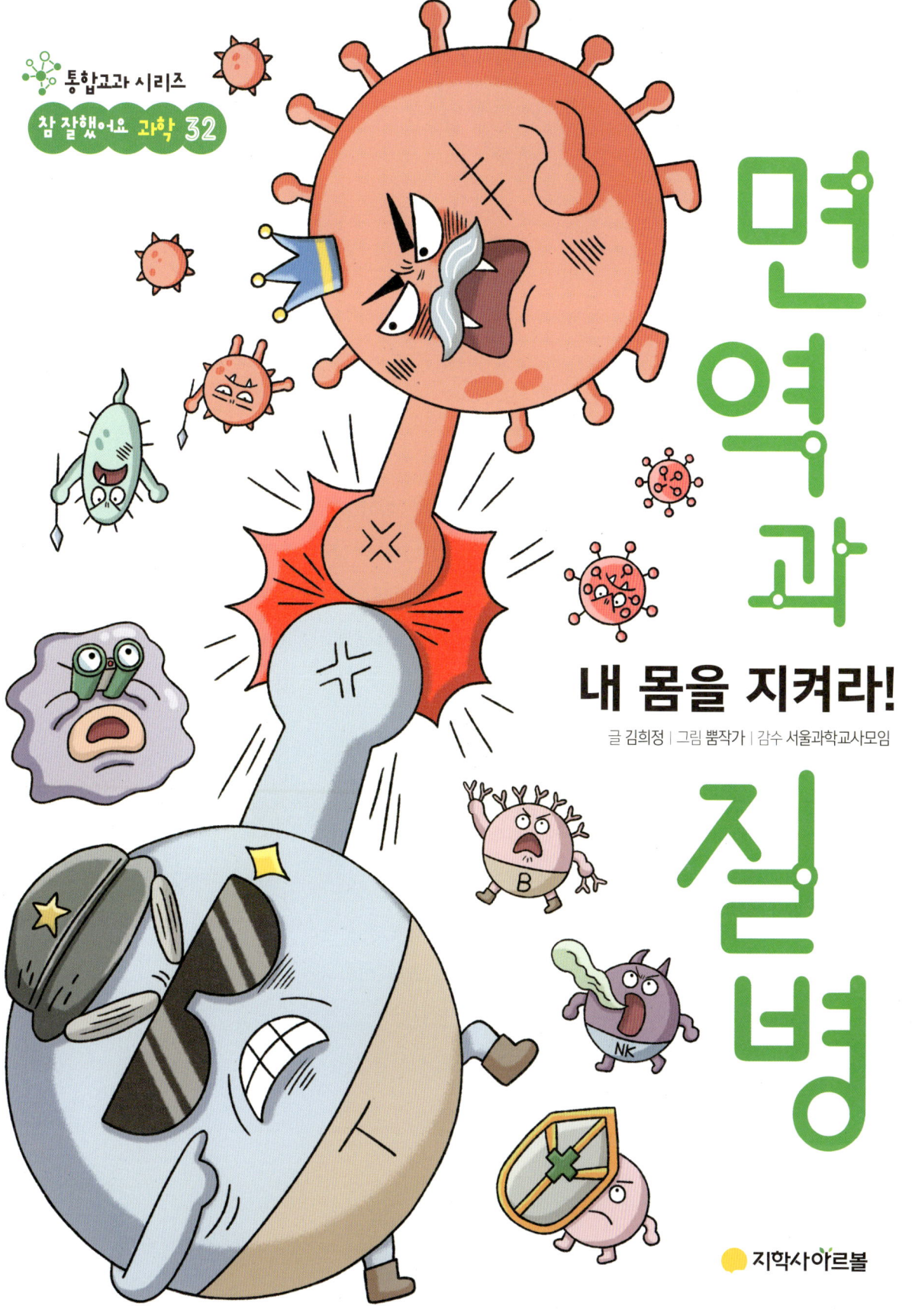

펴냄 글

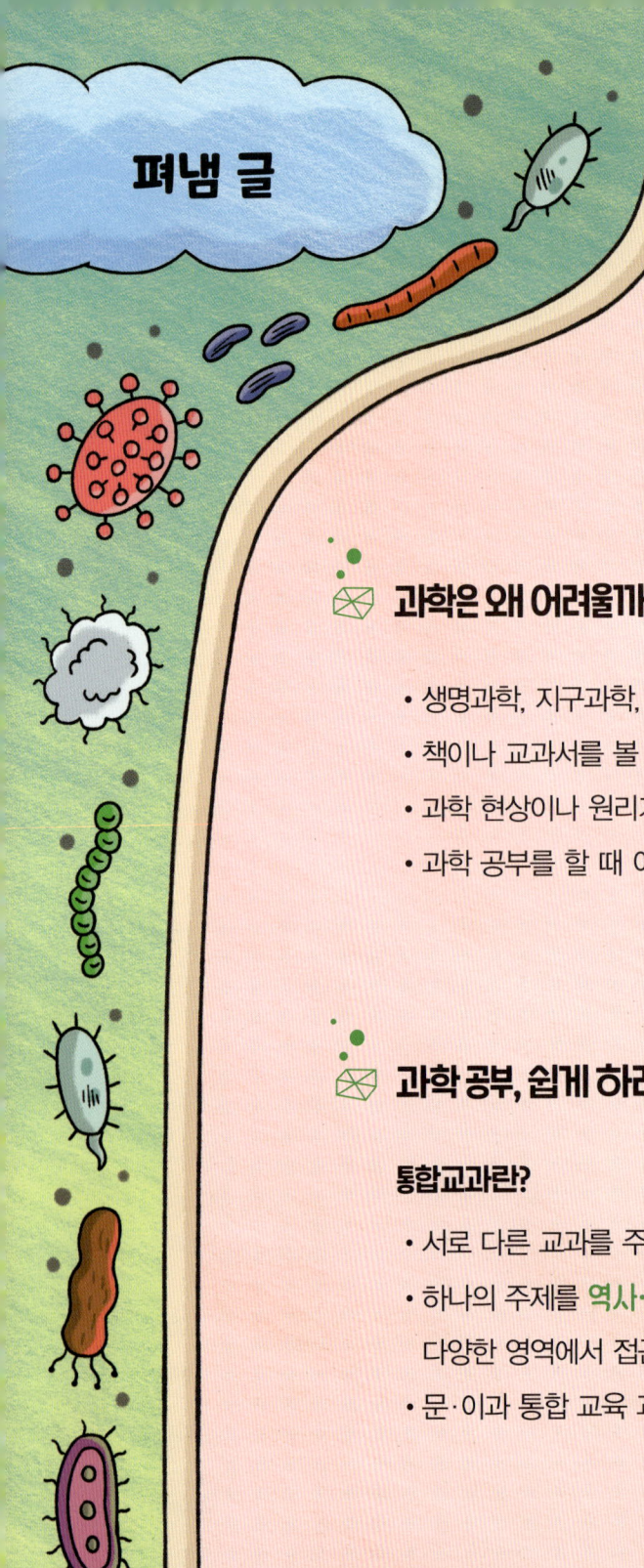

✉ 과학은 왜 어려울까?

- 생명과학, 지구과학, 물리학, 화학 등 공부해야 할 범위가 넓다.
- 책이나 교과서를 볼 땐 이해할 것 같다가도 돌아서면 헷갈린다.
- 과학 현상이나 원리가 어려워서 이해가 안 된다.
- 과학 공부를 할 때 어려운 단어가 많이 나온다.

✉ 과학 공부, 쉽게 하려면 통합교과 시리즈를 펼치자!

통합교과란?

- 서로 다른 교과를 주제나 활동 중심으로 엮은 새로운 개념의 교과
- 하나의 주제를 역사·인체·개념·의학·생활 등 다양한 영역에서 접근해 정보 전달 효과를 높임
- 문·이과 통합 교육 과정에 안성맞춤

이런 학생들에게 통합교과 시리즈를 추천합니다!

- 과학 교과를 처음 배우는 초등학교 **3학년**
- 과학이 지겹고 어렵게 느껴지는 **4학년**

역사
과거부터 현재까지,
관련 분야의 역사 지식이 머릿속에 쏙!

생활
우리 생활을 둘러보고
관련 정보 이해하기

통합교과 시리즈

인체
우리 몸의 신비함과
소중함 깨닫기

의학
주제와 관련된
의학적 배경지식 얻기

개념
개념을 알아야 주제가 보인다!
개념 완벽 정리!

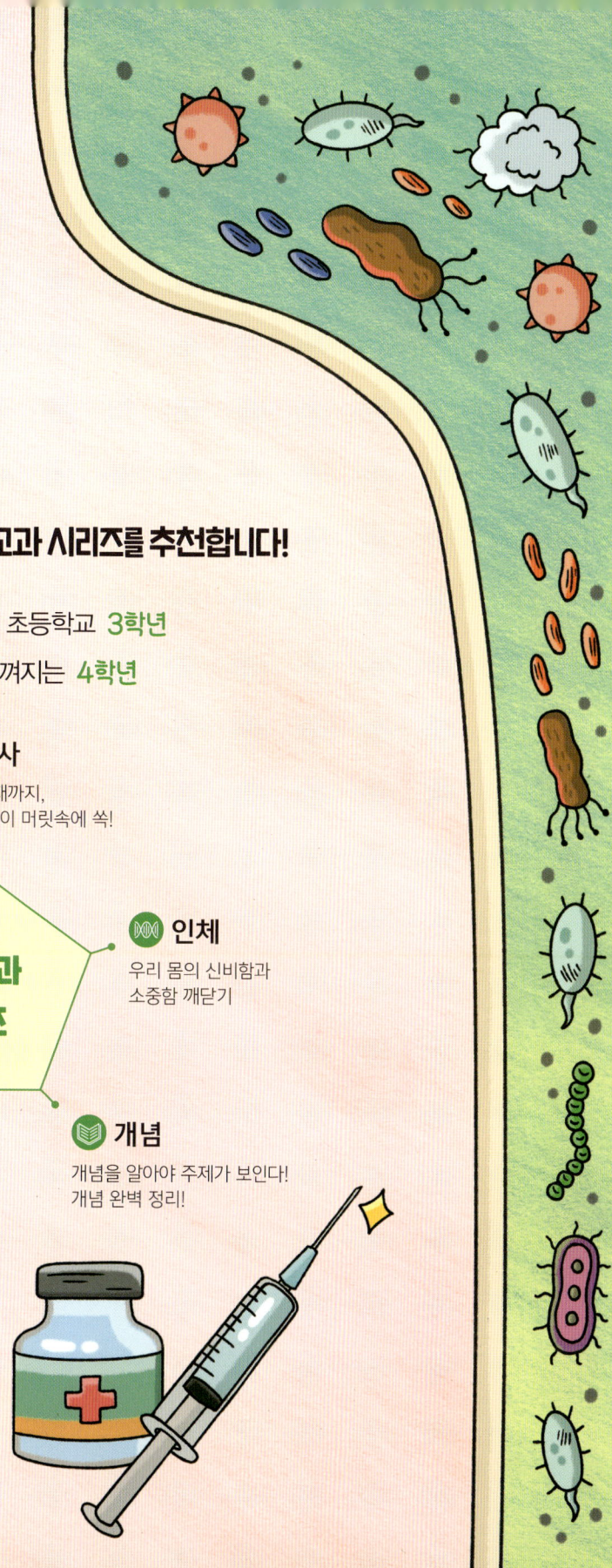

차례

1화
작지만 무서운 녀석들
역사 질병과 맞서 싸워 온 인류 10

- 16 우리가 병에 걸리는 이유
- 18 세균과 바이러스의 정체
- 20 역사를 바꾼 전염병
- 22 최초의 예방 접종
- 24 인류의 반격, 백신
- 28 **한 걸음 더:** 독감은 독한 감기일까?

2화
비상! 병원체의 습격
인체 우리 몸의 면역 체계 30

- 36 우리 몸의 방어 체계
- 38 든든한 면역 세포들
- 42 몸을 보호하는 백혈구
- 44 면역을 담당하는 림프계
- 48 **한 걸음 더:** 면역 세포가 적을 알아차리는 방법

3화
병원체를 무찌르자
개념 면역 세포가 하는 일 50

- 56 B 세포의 무기
- 58 T 세포의 특별한 능력
- 60 우리 몸을 지키는 군대
- 64 **한 걸음 더:** 상처에 무슨 일이?

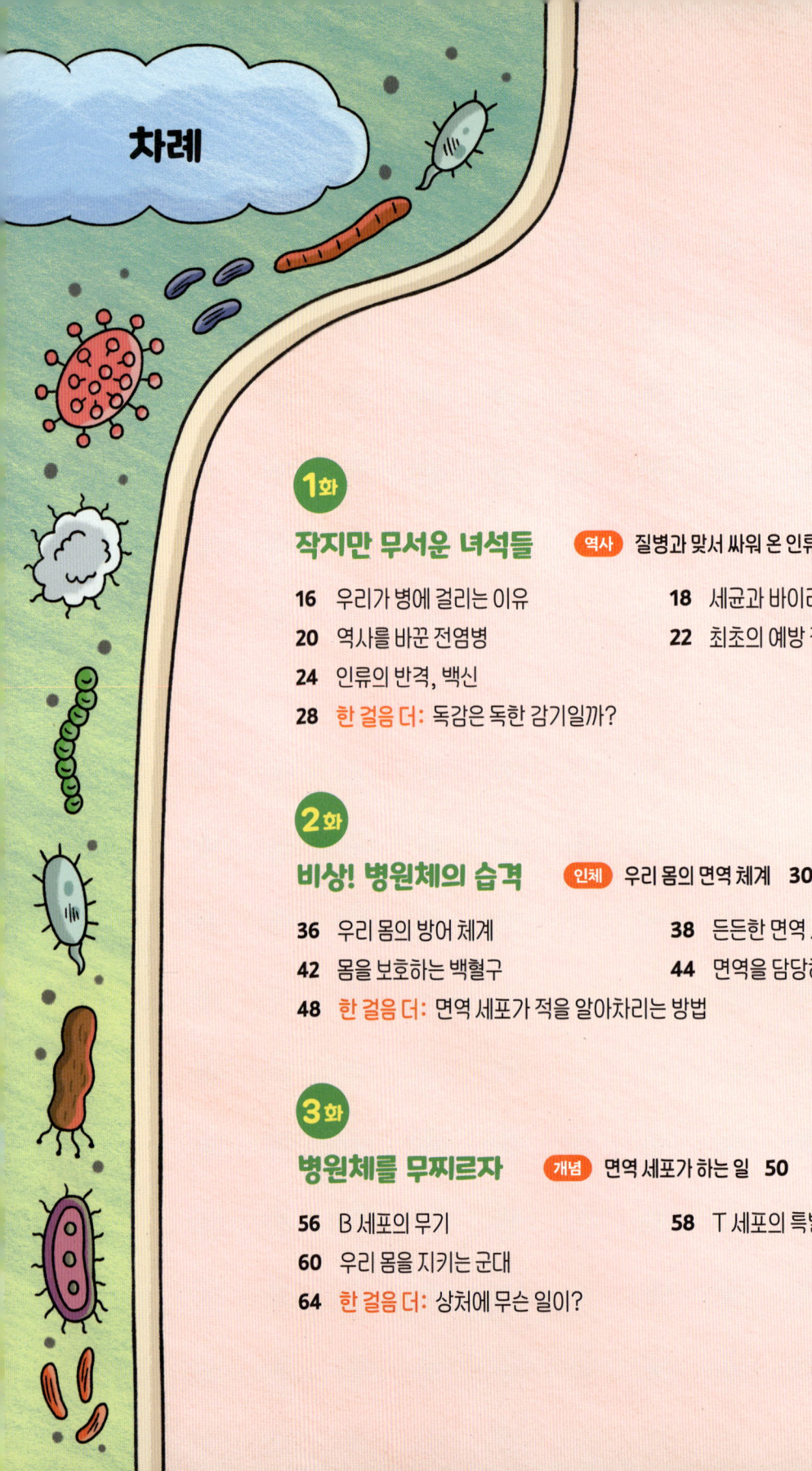

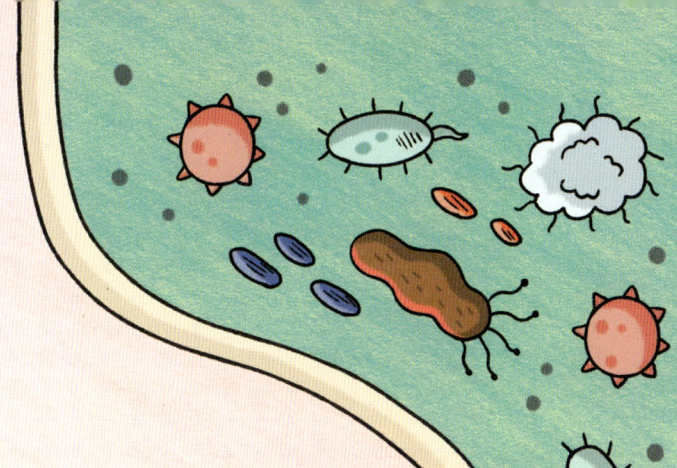

4화

면역 체계가 위험해 　의학　면역 체계 이상으로 생기는 질병　66

- 72　면역 체계에 이상이 생기면
- 76　무서운 백혈병
- 78　늙지도 죽지도 않는 암세포
- 82　한 걸음 더: 암, 무섭지만 이길 수 있다!

5화

질병에서 살아남기　생활　질병 예방과 치료를 위한 노력　84

- 90　면역 체계도 늙는다고?
- 92　인류를 위협하는 새로운 질병
- 94　질병에 대비하는 법, 백신
- 96　질병을 정복하는 그날까지
- 100　한 걸음 더: 의학과 기술이 만나면

- 102　워크북
- 112　정답 및 해설
- 114　찾아보기

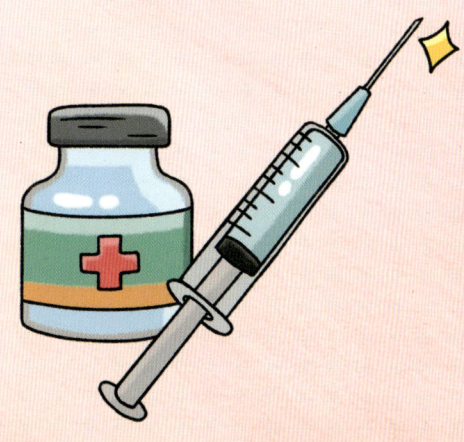

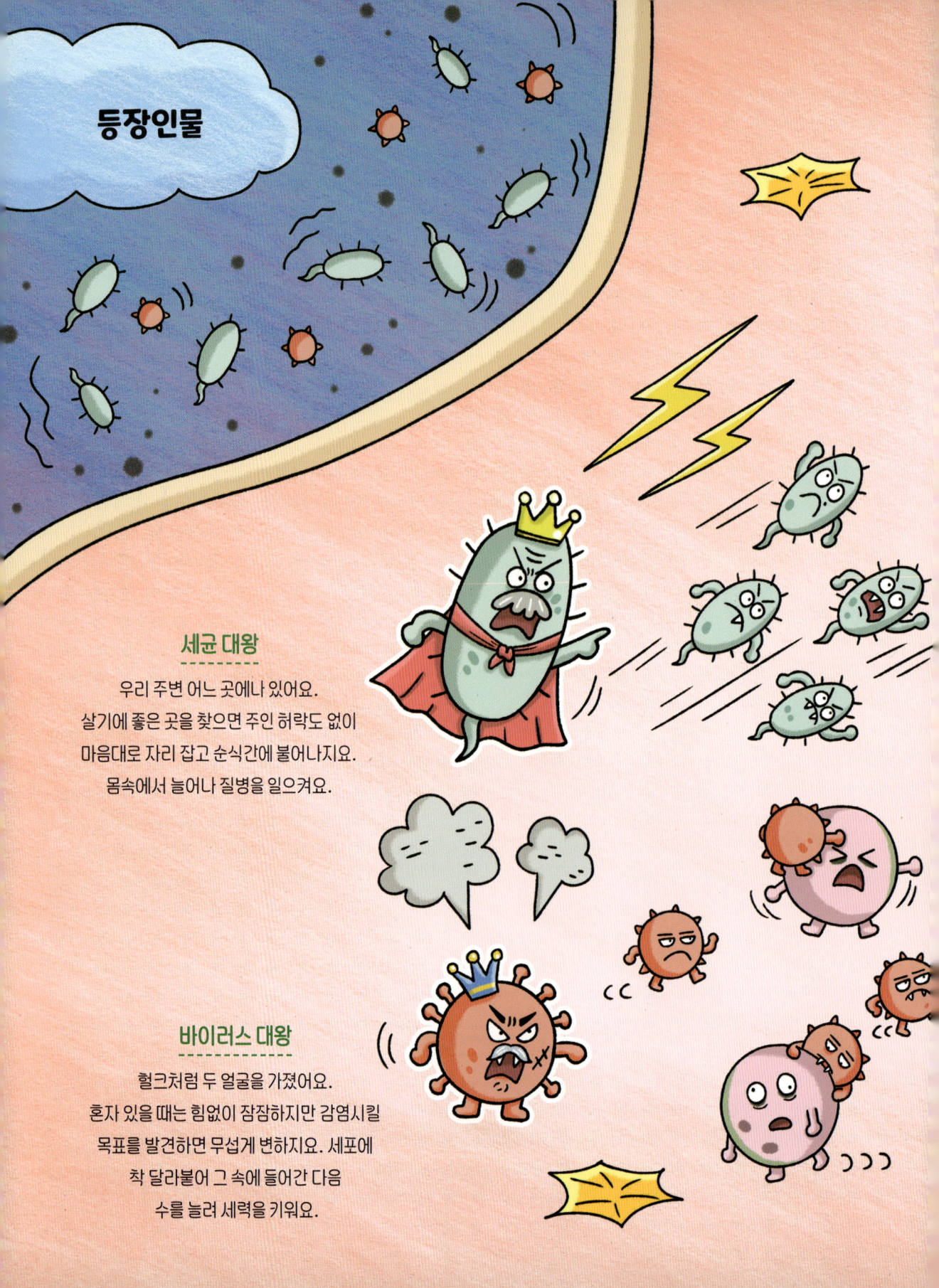

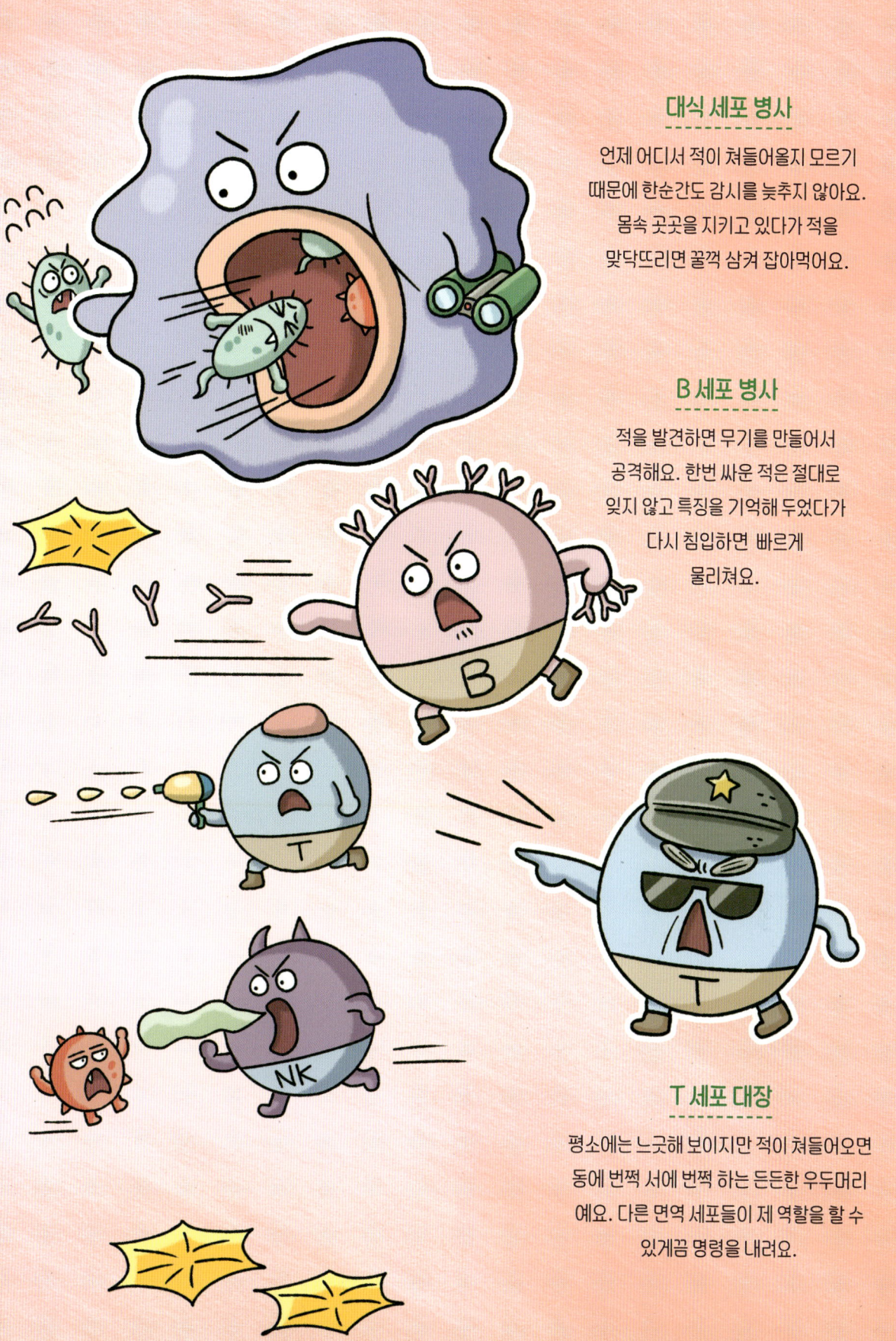

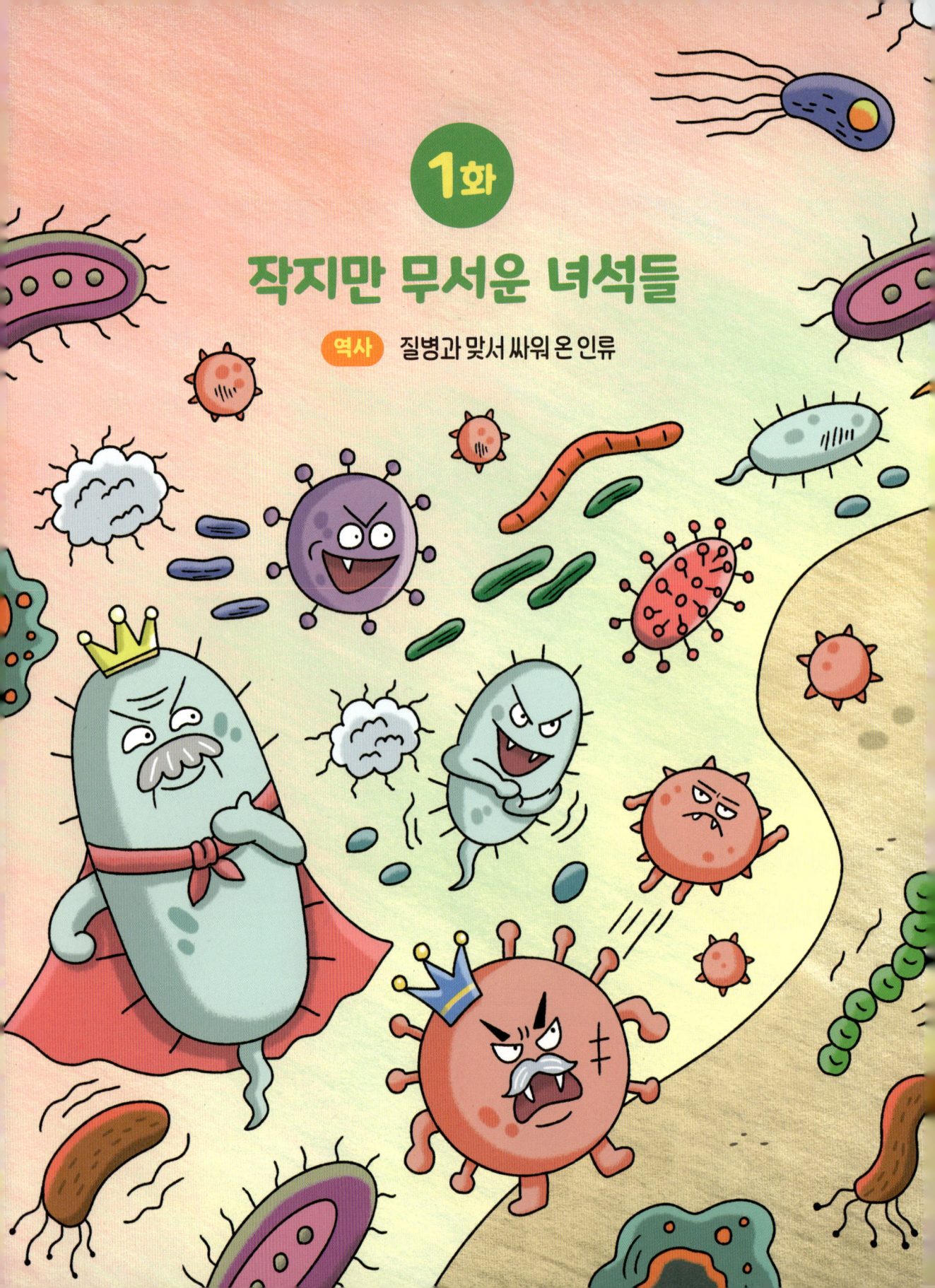

- 우리가 병에 걸리는 이유
- 세균과 바이러스의 정체
- 역사를 바꾼 전염병
- 최초의 예방 접종
- 인류의 반격, 백신

한눈에 쏙 질병과 맞서 싸워 온 인류
한 걸음 더 독감은 독한 감기일까?

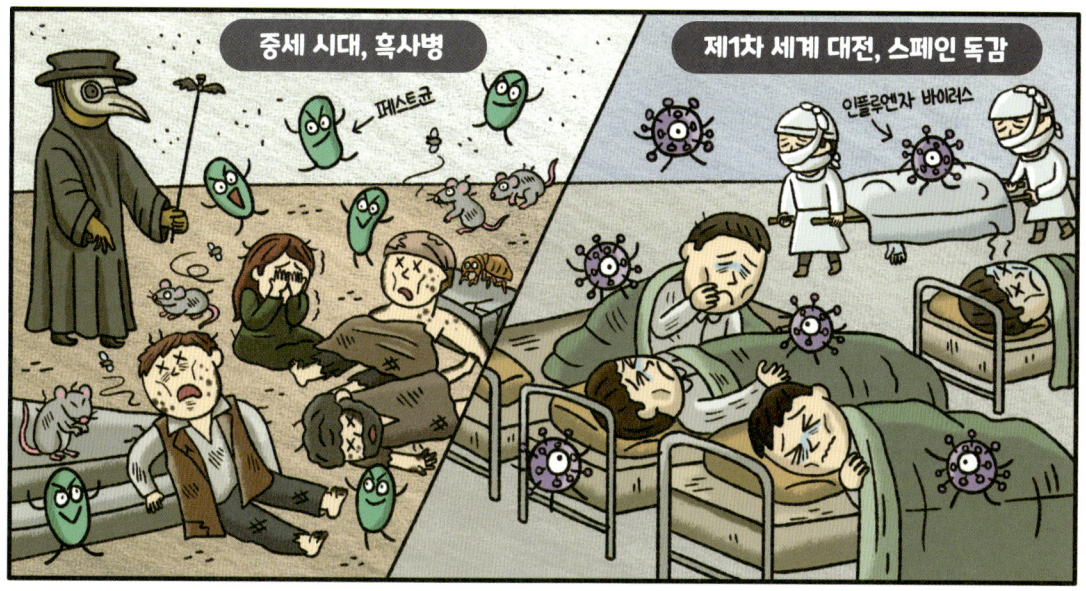

우리가 병에 걸리는 이유

우리는 때때로 병에 걸려요. 배가 아프며 설사를 하거나, 열이 오르고 머리가 아프거나, 기침과 콧물이 날 때가 있지요. 우리가 병에 걸리는 이유는 무엇일까요? 대부분은 미생물이 우리 몸속에 들어와 문제를 일으키기 때문이에요.

병을 일으키는 병원체

미생물은 맨눈으로 볼 수 없는 아주 작은 생명체예요. 우리 주위에는 무수히 많은 미생물이 있어요. 그중에서도 우리 몸에 병을 일으키는 미생물을 병원체(병의 원인이 되는 본체)라고 불러요. 병원체에는 크게 세균, 바이러스, 곰팡이 등이 있어요.

병원체가 우리 몸에 들어왔다고 해서 무조건 병에 걸리는 것은 아니에요. 우리 몸은 기본적으로 침입자에 맞서 싸우는 능력을 가지고 있으니까요. 몸이 튼튼하고 건강하면 병원체는 병을 일으키지 못하고 힘을 잃어요. 하지만 몸이 약한 상태에서는 몸속에 병원체가 쉽게 자리 잡아 그 수

가 빠르게 늘어나지요. 이것이 감염이에요.

　병원체에 감염되면 여러 가지 증상이 나타나요. 예를 들어 세균성 장염에 걸리면 설사를 하고, 감기 바이러스에 감염되면 코가 막히고 목이 아프다가 기침과 콧물이 나는 것처럼요. 이런 증상은 보통 약을 챙겨 먹고 며칠 푹 쉬면 사라져요. 하지만 어떤 질병은 결국 목숨까지 앗아 가는 결과를 가져오기도 해요.

　병원체는 공기 중을 떠돌아다니다가 우리가 숨을 쉴 때 코와 입으로 들어와요. 오염된 음식과 물을 통해 감염되기도 하고요. 또는 감염된 사람이나 동물과 접촉해서 전달되는데, 이렇게 병원체가 전달돼 병이 옮는 것을 전염이라고 해요.

다양한 감염 경로

호흡기 감염

소화기 감염

접촉 감염

세균과 바이러스의 정체

세균과 바이러스는 전염병과 크게 관련된 병원체예요. 병을 일으킨다는 공통점이 있지만 차이점도 존재하지요. 세균과 바이러스는 어떻게 다를까요?

스스로 번식하는 세균

세균은 사람보다 훨씬 오래전부터 지구에 살았어요. 최초의 인류는 300만 년 전쯤 나타난 것으로 알려졌는데, 세균은 자그마치 40억 년 전부터 지구에 살았지요. 지구의 역사는 세균을 빼고 말할 수 없을 정도예요.

모든 생명체는 세포로 이루어져 있어요. 세포 중심의 세포핵 속에는 유전 정보를 담은 DNA가 있고, 바깥을 세포막이나 세포벽이 둘러싸 세포를 단단하게 보호하지요. 세균은 하나의 세포로 이루어진 단순한 생명체로, 바이러스와 가장 큰 차이는 스스로 번식할 수 있다는 점이에요. 세포는 하나의 세포가 둘 이상으로 나뉘어 불어나는 분열을 통해 자손을 늘려요. 세균이 순식간에 매우 빠르게 불어날 수 있는 것은 세포 분열 때문이지요.

다른 세포에 붙어사는 바이러스

바이러스는 세포로 이루어져 있지 않아요. 단백질 껍질 속에 유전 물질인 DNA나 RNA가 들어 있는 단순한 구조예요. 그런데 바이러스가 한번 감염을 일으키면 엄청난 속도로 수가 늘어나 버려요. 세포 분열을 하는 것도 아닌데 어떻게 된 일일까요?

바이러스는 세포를 조종해 이용할 수 있는 능력을 가졌기 때문이에요. 다른 생물에 침입한 다음, 세포에 달라붙어 세포핵에다 자기 유전 물질을 넣어요. 그러면 공격당한 세포는 유전 물질을 대신 복제해 바이러스를 만들어 내서 결국 바이러스 수가 늘어나는 거예요. 다른 세포에 붙어 있을 때만 생명 현상이 나타나서 바이러스를 생물로 볼 것인지, 무생물로 볼 것인지, 아니면 생물과 무생물의 중간으로 볼 것인지 과학자 사이에서도 의견이 나뉘어요.

한편 바이러스는 불안정한 상태이기 때문에 자꾸만 변이를 일으켜 치료제를 개발하는 것이 비교적 어려워요. 변이는 전에 없던 새로운 특징이 갑자기 나타나는 현상을 말해요.

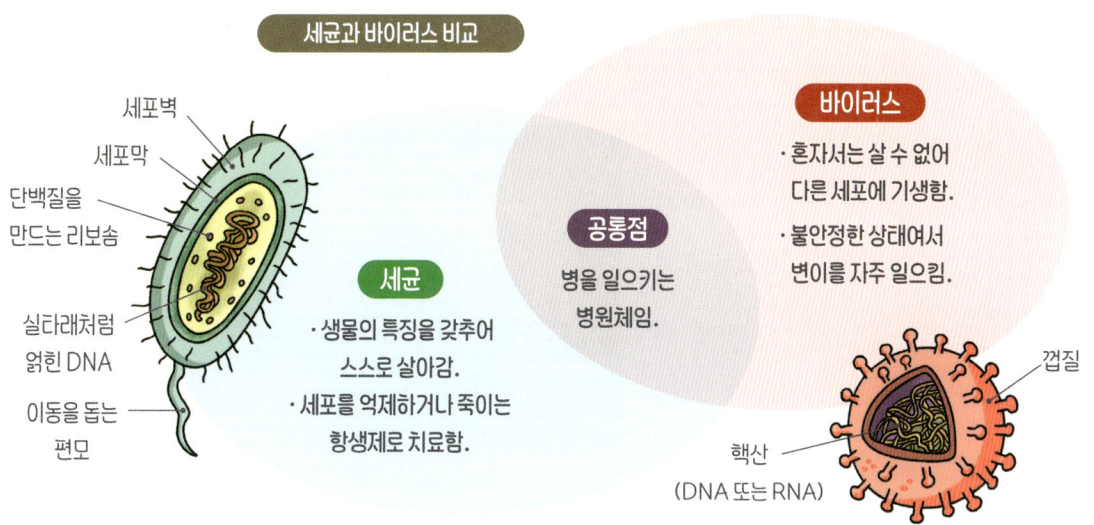

역사를 바꾼 전염병

과학과 의학이 발달하지 않았던 시절, 전염병은 사람들에게 무시무시한 공포였어요. 한번 퍼지기 시작하면 걷잡을 수 없이 빠른 속도로 사람들을 감염시켰으니까요. 어떤 전염병은 사회 모습을 바꿀 정도로 역사에 큰 영향을 미치기도 했어요.

유럽을 뒤집은 흑사병

과거 유럽에서는 흑사병으로 1억 명 이상이 목숨을 잃었다고 해요. 병에 걸리면 피부가 검게 변하다 결국 죽음에 이르렀기 때문에 흑사병(黑死病, black death)이라는 이름이 붙었지요.

흑사병은 세균 감염병으로, 페스트균에 감염된 쥐에게서 떨어져 나온 벼룩이 사람을 물어 퍼지기 시작했어요. 1300년대부터 1700년대까지 유럽 곳곳에서 지속적으로 발생해 유럽 인구의 3분의 1을 죽음으로 몰고 가는 피해를 낳았지요. 그러자 일손이 부족해져 농부의 지위가 올라갔어요. 반면에 땅을 빌려주고 경제권을 휘어잡았던 지배층은 차츰 무너져 내렸지요. 이렇게 계급에 변화의 물결이 일며 유럽 사회 모습이 뒤바뀌었어요.

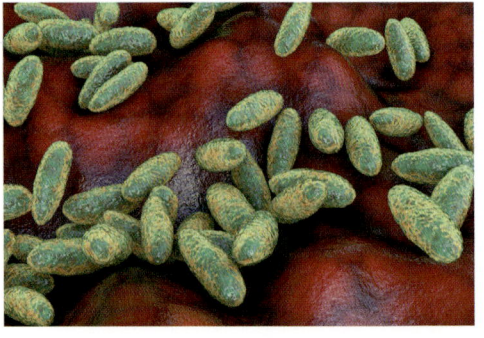
3D 그림으로 보는 페스트균

전쟁을 끝낸 스페인 독감

1918년 발생한 스페인 독감은 2년 만에 세계로 퍼져 수천만 명의 목숨을 앗아 갔어요. 스페인 독감 때문에 싸울 사람이 부족해져 제1차 세계 대전 끝이 앞당겨졌다고

스페인 독감 확산을 막으려 마스크를 쓴 미군

하니, 그 위력이 무시무시하지요? 스페인 독감은 우리나라에도 영향을 미쳐 약 14만 명이 목숨을 잃었어요.

흑사병은 세균이 원인인 전염병이에요. 그에 반해 스페인 독감의 원인은 A형 인플루엔자 바이러스이지요. 바이러스는 환경에 따라 변이를 일으켜 오래도록 살아남아요. 2019년 발생한 새로운 코로나바이러스 역시 변이 때문에 대처가 더 힘들었지요. 한편 코로나19 시대에는 집에서 일하거나 수업을 듣게 돼 정보 통신 기술이 크게 발전했어요.

> **tip**
>
> #### 사실은 스페인에서 시작된 게 아니다?!
>
> 스페인 독감은 제1차 세계 대전이 끝나 가던 1918년에 미군 사이에서 처음 유행한 것으로 알려져 있어요. 그런데 왜 스페인 독감으로 불렸을까요? 전쟁에 참여한 여러 나라가 쉬쉬했기 때문이에요. 스페인 언론만이 사실을 알려서 이름이 스페인 독감으로 굳은 것이지요.

최초의 예방 접종

병원체가 침입하더라도 우리 몸은 싸워 이겨 낼 능력이 있어요. 이 능력을 면역이라고 해요. 한자를 그대로 풀이하면 전염병을 면하다(피하다)라는 뜻이지요. 즉, 면역력이 강하다는 것은 병에 쉽게 걸리지 않는 튼튼한 상태를 말해요.

免 疫
면할 면 전염병 역

이것이 면역! 제너의 종두법

옛날 사람들은 우리 몸을 지키는 면역에 대해 미처 알지 못했어요. 그런데 이 신비한 능력에 주목한 사람이 있었어요. 바로 영국의 의사 에드워드 제너예요.

과거에 천연두는 많은 사람의 목숨을 앗아 간 무서운 전염병이었어요. 우리나라에서는 마마라고도 불렀는데, 대상을 높이는 말인 '마마'를 붙여 병이 무사히 지나가기를 바랐던 것이라고 해요. 다행히 목숨을 건진다 해도 고름 딱지가 떨어지기 전에 긁으면 우묵우묵한 자국이 남았지요.

소도 천연두에 걸릴 수 있었어요. 소의 천연두를 우두라고 하는데, 신기하게도 우두에 옮은 사람은 천연두에 잘 걸리지 않았답니다. 천연두와 달리 우두는 가벼운 증상만 앓고 금방 지나갔고요.

'이걸 이용하면 천연두의 공포에서 사람들을 구할 수 있을 거야!'

이런 생각을 한 제너는 1796년 첫 실험을 해 보았어요. 먼저 우두 고름에서 뽑아낸 물질을 사람에게 접종했어요. 우두를 살짝 앓고 낫자 이번에는 천연두 고름을 몸에 집어넣었지요. 그랬더니 놀랍게도 천연두 증상이 전혀 나타나지 않았어요. 이후 여러 사람에게 같은 실험을 반복해도 결과는 모두 성공적이었지요. 천연두와 비슷한 우두를 미리 접종하니, 천연두를 이겨 내는 면역이 생겨난 것이에요.

이후 우두를 이용한 종두법은 전 세계로 퍼져 나가 수많은 사람의 생명과 건강을 지켰어요. 마침내 1980년에 세계보건기구(WHO)는 천연두가 지구상에서 완전히 사라졌다고 발표했지요.

인류의 반격, 백신

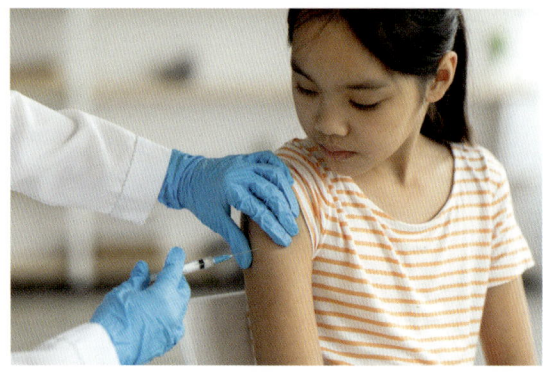

종두법은 지금의 예방 접종과 비슷한 원리를 가지고 있어요. 약한 상태의 병원체를 집어넣어 우리 몸이 싸우는 방법을 미리 연습하게 하는 것이에요. 그러면 나중에 그 병원체에 진짜로 감염되더라도 스스로 싸워 이겨 낼 힘을 가지게 되거든요. 예방 접종에 쓰이는 약물을 백신(vaccine)이라고 하는데, 이는 라틴어로 소를 뜻하는 'vacca'에서 왔어요. 프랑스의 과학자 루이 파스퇴르가 우두 종두법을 탄생시킨 제너를 기리기 위해서 붙인 것이라고 하지요.

백신의 아버지, 파스퇴르

예방 접종의 원리를 처음 발견한 사람은 제너이지만, 이를 바탕으로 백신을 개발해 보급한 사람은 바로 파스퇴르예요.

1880년, 파스퇴르는 닭 콜레라의 원인을 밝히려고 연구를 시작했어요. 병원체를 찾기 위해 병 걸린 닭에서 피를 뽑아 균을 기르고, 이것을 건강한 닭에 주사해 병에 걸리는지 확인했지요. 지금은 너무도 당연하지만, 그때만 해도 세균이나 바이러스 같은 병원체가 질병의 원인인지 확실히 알지 못했거든요.

그러던 어느 날, 파스퇴르는 실수로 몇 주일이나 그냥 둔 균을 닭에게 주사하게 되었어요. 그런데 이게 웬일일까요? 전에는 닭이 금세 죽어 버렸는데 이번에는 죽지 않았어요. 게다가 다시 균을 주사해도 콜레라에 걸리지 않았답니다.

'아! 세균이 약해져서 닭이 죽지 않고 오히려 면역이 생긴 거야!'

이렇게 질병의 원인이 되는 병원체를 분리해 독성을 약화시킨 백신이 만들어지기 시작했어요. 다양한 질병의 백신이 등장하면서 인류는 마침내 전염병의 공포에서 벗어날 수 있게 되었지요. 파스퇴르는 인류를 구한 과학자로 떠받들리며 백신의 아버지라고 불려요.

질병과 맞서 싸워 온 인류

병의 원인
- 우리 몸에 병을 일으키는 미생물을 병원체라고 부름. 병원체에는 크게 세균, 바이러스, 곰팡이 등이 있음.
- 우리 몸은 기본적으로 병원체에 맞서 싸우는 면역력을 가지고 있지만, 면역력이 약한 상태에서는 몸속에 병원체가 쉽게 자리 잡아 병에 걸림.
- 병원체는 공기 중을 떠돌아다니다 숨을 쉴 때 코와 입으로 들어옴. 또는 오염된 음식과 물을 통해 감염되거나, 감염된 사람이나 동물을 접촉해서 전달됨.

세균과 바이러스
- 세균과 바이러스는 전염병과 크게 관련된 병원체임. 병을 일으킨다는 공통점이 있지만 차이점도 존재함.
- 세균: 하나의 세포로 이루어진 단순한 생물로, 세포 분열을 통해 스스로 번식함.
- 바이러스: 혼자서는 살 수 없어 다른 세포에 기생함. 다른 세포에 붙어 있을 때만 생명 현상이 나타나서 바이러스를 생물로 볼 것인지, 무생물로 볼 것인지, 생물과 무생물의 중간으로 볼 것인지 의견이 나뉨.

인류 역사를 바꾼 전염병

- 흑사병은 페스트균에 감염된 쥐에게서 떨어져 나온 벼룩이 사람을 물어 퍼지기 시작했음. ➡ 1300년대부터 1700년대까지 유럽 곳곳에서 지속적으로 발생해 유럽 인구의 3분의 1을 죽음으로 몰았음. ➡ 노동력이 부족해지며 중세 유럽 계급 사회에 변화를 가져왔음.
- 1918년 발생한 스페인 독감은 제1차 세계 대전의 끝을 앞당겼음.
- 코로나19 시대에는 집에서 일하거나 수업을 듣게 돼 정보 통신 기술이 크게 발전했음.

예방 접종과 백신

- 영국의 의사 제너가 우두 종두법을 발견함. 천연두를 예방하기 위해 그보다 약한 우두에서 얻은 물질을 활용한 것임.
- 프랑스의 과학자 파스퇴르는 닭 콜레라를 연구하다가 오래된 균을 주사하면 닭이 면역을 얻는다는 것을 알아냄. ➡ 이렇게 백신이 처음 개발됨. 독성을 약화시킨 병원체를 몸속에 주사해 면역이 생기게 하는 원리임.

한 걸음 더!

독감은 독한 감기일까?

찬 바람이 불면 찾아오는 감기! 걸리면 며칠은 콜록콜록 기침에, 줄줄 흐르는 콧물에 여간 괴로운 게 아니에요. 거기에 쓴 약도 꼬박꼬박 챙겨 먹어야 하고요. 어떤 친구들은 독감에 걸려 학교에 나오지 못하기도 해요. 독감에 걸리면 감기보다 훨씬 아프다던데, 혹시 독감은 독한 감기를 줄여서 부르는 말일까요?

같은 듯 다른 감기와 독감

사실 우리가 감기라고 부르는 질병의 정체는 '바이러스에 의한 급성 상기도 감염증'이에요. 기도는 숨을 쉴 때 공기가 지나가는 길인데, 그중 코와 목구멍 등 기도 윗부분에 주로 감염이 생기는 질병을 통틀어 감기라고 해요. 잘 알다시피 감기에 걸리면 코가 막히거나 목이 아파요. 그래도 잘 먹고 잘 쉬면 대부분 자연스럽게 낫지요. 감기의 원인이 되는 바이러스는 리노바이러스 등 200종이 넘어요. 그 종류가 워낙 많다 보니 예방 백신을 만들기가 쉽지 않답니다.

독감의 원인 역시 바이러스이지만 감기를 일으키는 바이러스와 종류가 달라요. 그 이름은 바로 인플루엔자 바이러스예요. 그래서 독감을 인플루엔자라고 부르기도 하지요. 인플루엔자 바이러스에 감염되면 코나 목구멍뿐 아니라 허파(폐)에까지 영향을 미쳐 갑자기 열이 나거나 두통, 근육통 같은 증상이 나타나요. 심할 경우 목숨을 잃을 수도 있고요.

인플루엔자 바이러스에는 A~D형이 있는데, 사람에게 병을 일으키고 계절성 독감의 원인이 되는 것은 주로 A, B형이에요. 특히 A형 바이러스는 그 모습을 쉽게 바꾸는 특징이 있어요. 그래서 해마다 백신을 챙겨 맞아야 하는 거예요.

감기와 독감 바이러스는 감염된 사람이 기침이나 재채기를 할 때 침이나 콧물 속에 섞여 나와 다른 사람에게 옮겨 가요. 따라서 감기나 독감이 유행하는 때에는 마스크를 쓰는 것이 중요해요. 또 사람이 많은 곳에는 되도록 가지 말고, 나갔다 온 뒤에는 몸을 깨끗이 씻어 혹시나 묻었을지 모르는 바이러스를 없애야 해요.

감기와 독감, 어떻게 다를까?

	원인	증상	예방 접종
감기	리노바이러스 등 200여 종 이상	코가 막히거나 목이 아픈 증상이 서서히 나타남	효과 없음
독감	인플루엔자 바이러스	고열, 두통, 근육통 등이 갑자기 나타남	효과 있음

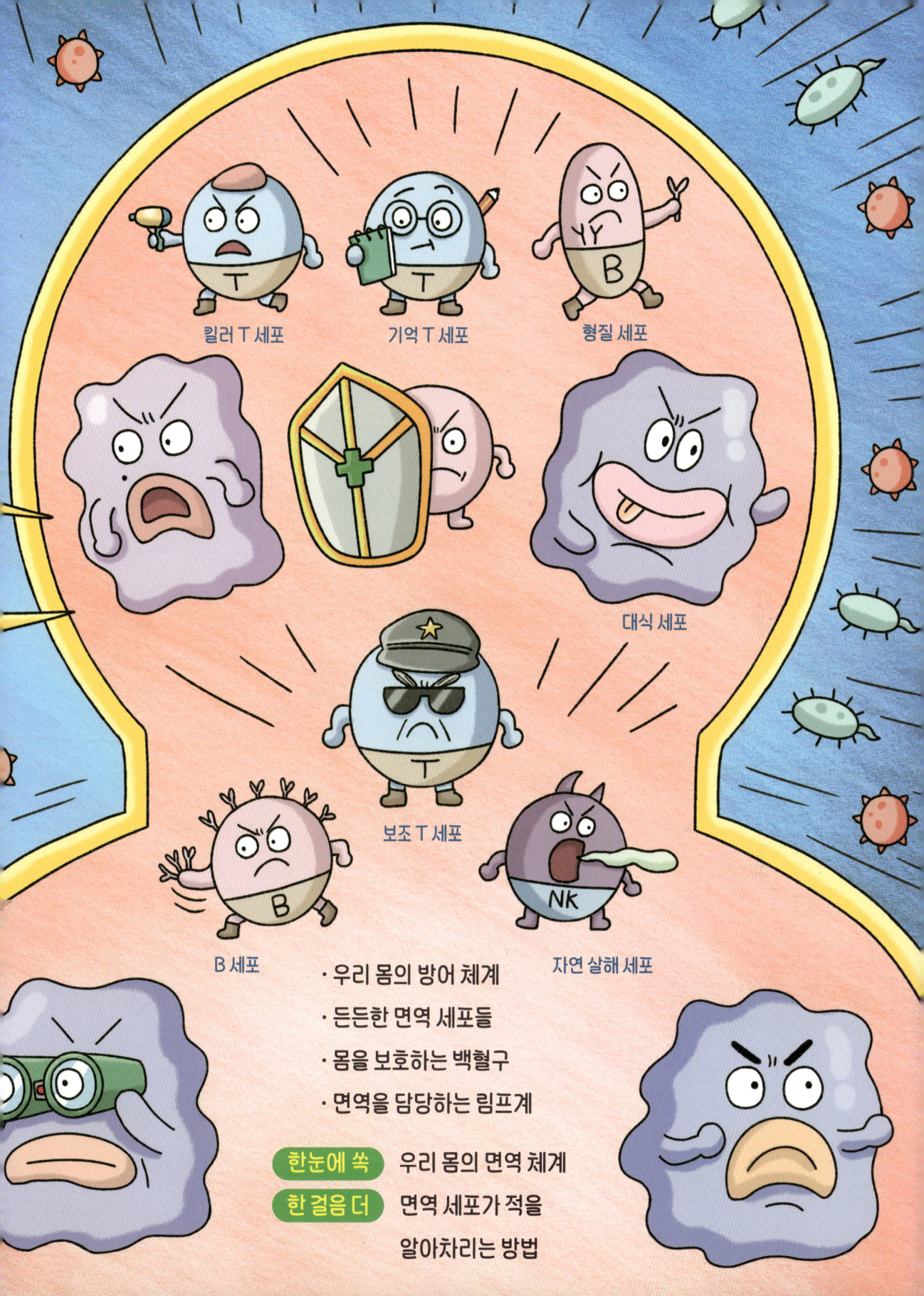

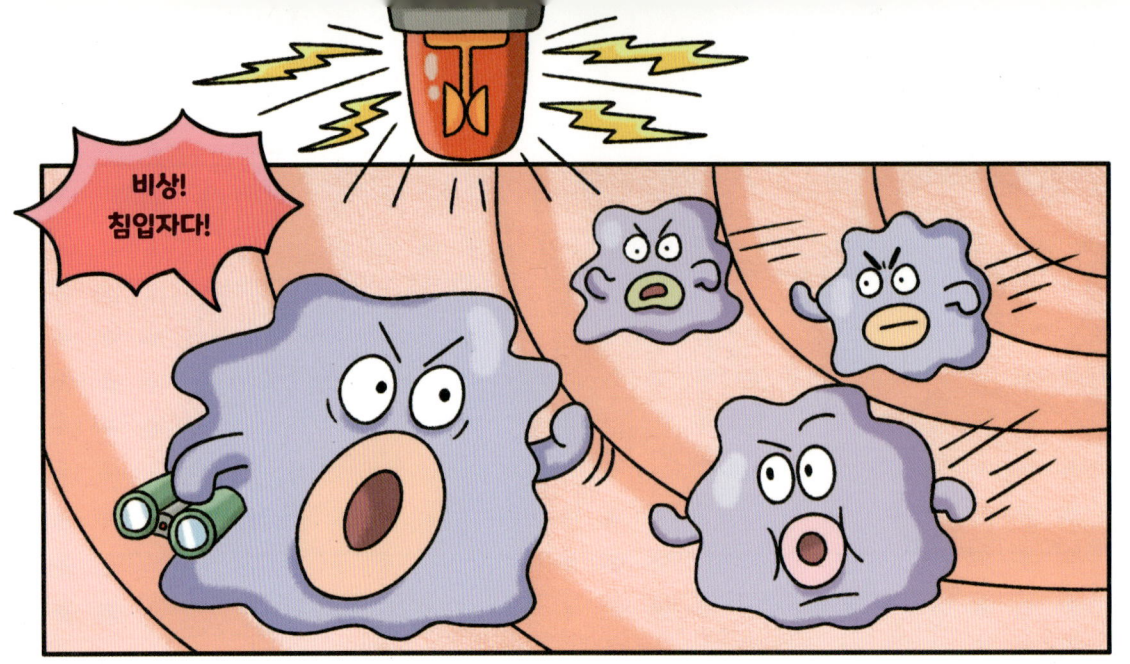

 ## 우리 몸의 방어 체계

병원체는 우리 주변 곳곳에 있어요. 먼지가 쌓인 방구석에도, 더러운 것에 닿은 손에도, 만지작거렸던 물건에도 있지요. 우리는 생활 속에서 많은 세균과 바이러스를 맞닥뜨린답니다. 그런데 왜 그때마다 병에 걸리지 않는 거냐고요? 우리 몸이 그렇게 호락호락할 리가 없죠. 병원체의 공격을 막아 낼, 굳센 면역 체계를 가지고 있으니까요.

면역 체계는 몸속에 들어온 외부 물질로부터 스스로를 지키기 위해 방어 능력을 발휘하는 기관과 세포를 통틀어 이르는 말이에요. 지금부터 우리 몸을 지키는 면역 체계를 하나하나 살펴볼까요?

겹겹이 쌓은 방어벽

병원체가 우리 몸속으로 들어오지 못하게 하는 첫 번째 방어벽은 무엇일까요? 바로 피부예요. 수많은 병원체가 피부에 막혀 바깥에 머물다가 몸을 씻을 때 떨어져 나가요. 그런데 피부에 상처가 생기면 어떻게 될까요? 벌어진 틈으로 병원체가 쉽게 들어와 몸속 세포를 감염시킬 수 있어요. 그래서 항상 몸을 깨끗이 하고 상처가 나지 않게 관리하는 것이 중요해요.

피부뿐 아니라 코털과 속눈썹도 병원체가 몸속 깊숙이 들어오지 못하게 막는 역할을 해요. 재채기를 하거나, 눈물을 흘려 외부 물질을 밖으로 내보내는 것 역시 몸이 스스로를 방어하는 방법이에요. 또 코를 비롯한 호흡기는 끈끈한 액체인 점액을 내보내 병원체를 가두어 안으로 들어오지 못하게 막지요.

만약 병원체가 이런 방어벽을 모두 뚫고 들어온다고 해도 우리 몸의 면역 체계는 여기서 끝이 아니랍니다. 입을 통해 들어온 병원체는 위와 창자(장)를 지나면서 강한 산성을 띠는 위액에 녹거나 소화되어 버리지요.

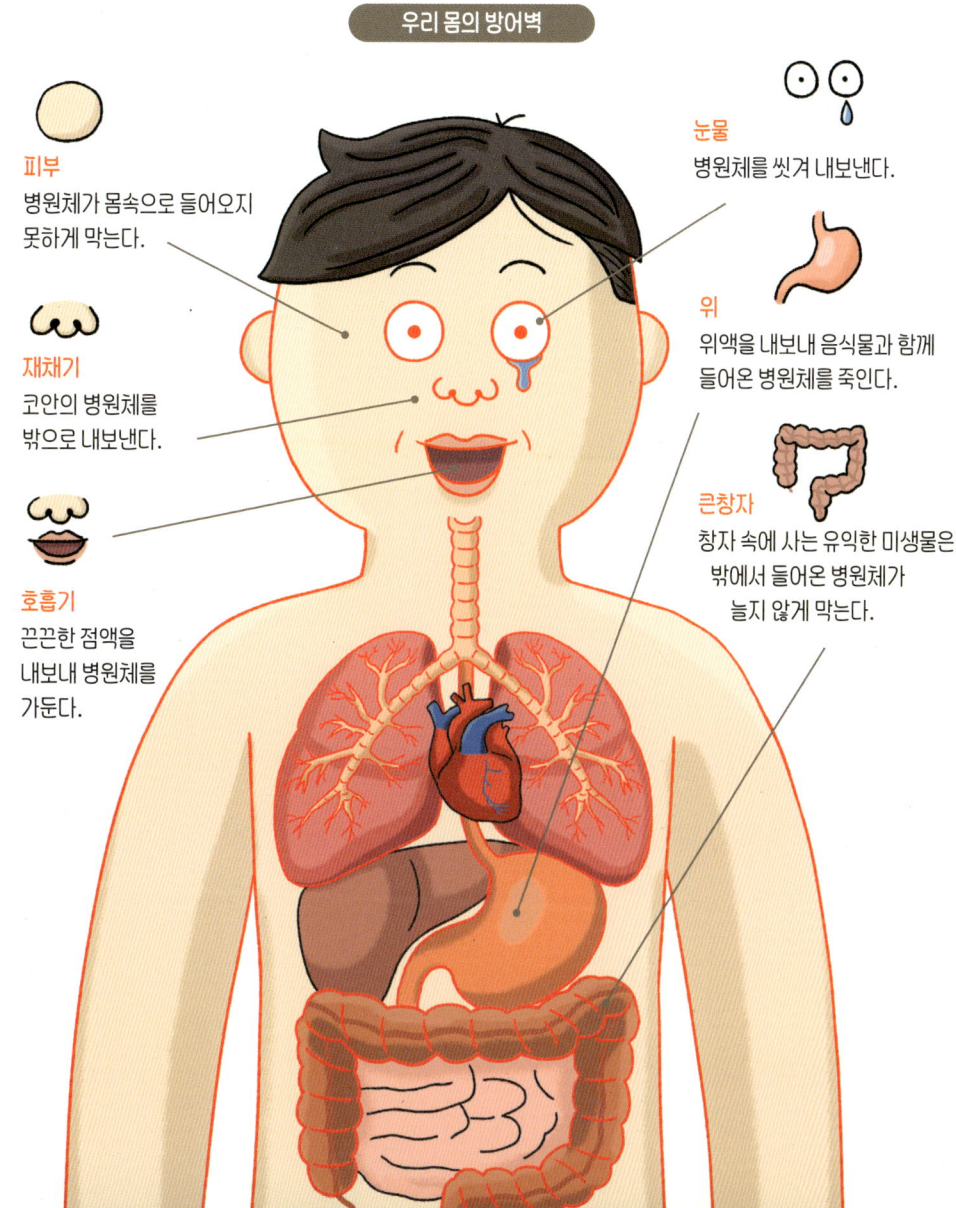

우리 몸의 방어벽

피부
병원체가 몸속으로 들어오지 못하게 막는다.

재채기
코안의 병원체를 밖으로 내보낸다.

호흡기
끈끈한 점액을 내보내 병원체를 가둔다.

눈물
병원체를 씻겨 내보낸다.

위
위액을 내보내 음식물과 함께 들어온 병원체를 죽인다.

큰창자
창자 속에 사는 유익한 미생물은 밖에서 들어온 병원체가 늘지 않게 막는다.

든든한 면역 세포들

 이렇게 겹겹이 세워진 방어벽을 뚫고 들어온 병원체가 있으면 어떻게 하냐고요? 걱정하지 않아도 돼요. 이제는 면역 세포가 나설 차례거든요.

 면역 세포는 저마다 특징을 가졌어요. 내내 감시를 게을리하지 않는 세포가 있는가 하면, 병원체의 공격이 시작되어야 비로소 활동을 시작하는 세포가 있지요. 또 외부 침입자라면 가리지 않고 닥치는 대로 잡아먹는 세포도 있고, 이길 수 있는 특정 병원체만 골라서 공격하는 세포도 있어요. 면역 세포들은 서로 도와 가며 우리 몸을 지킨답니다.

몸속의 청소부, 대식 세포

 대식 세포는 덩치가 커서 붙은 이름으로, 큰 포식 세포라고도 불러요. 뭐든 의심스러운 물질이 나타나면 몸속 구석구석을 감시하던 대식 세포가 먼저 나서서 먹어 치우지요.

 대식 세포는 커다랗고 흐물흐물한 몸으로 이물질을 감싼 다음 리소좀을 이용해 녹여 버려요. 리소좀은 분해 효소가 들어 있는 세포 속 기관이에요. 이 과정을 지켜보면 대식 세포가 마치 입을 크게 벌려 꿀꺽 삼키는 것 같아요. 이렇게 이물질을 잡아먹는 것을 식세포 작용이라고 해요.

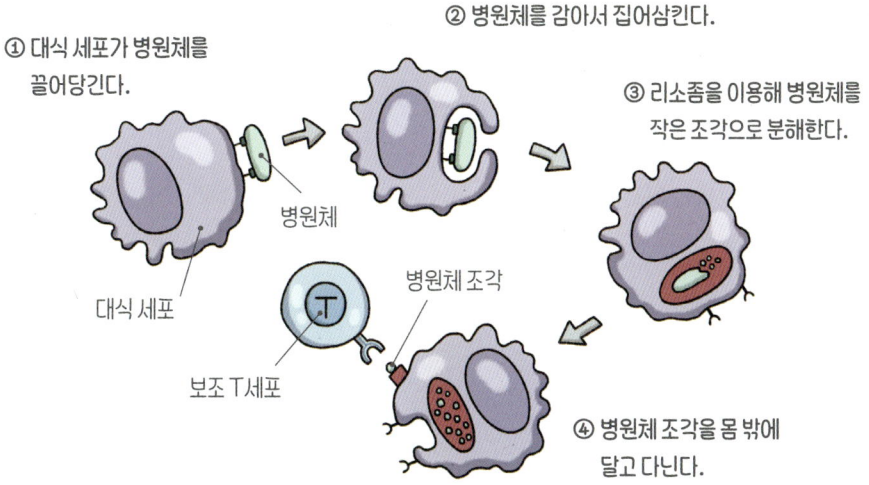

대식 세포는 병원체뿐 아니라 세포 찌꺼기, 암세포, 비정상 단백질 등 우리 몸에 있지 말아야 할 물질을 모두 분해해요. 이것 말고도 중요한 역할이 또 있어요. 바로 분해한 병원체 조각을 몸 밖에 달고 다니며 다른 면역 세포에게 침입자의 정체를 알려 주는 것이지요.

이상한 세포는 내게 맡겨, 자연 살해 세포

대식 세포는 병원체를 잡아먹어 몸속 세포들이 감염되는 것을 막아요. 그러면 이미 감염된 세포는 어떻게 하냐고요? 이런 비정상 세포를 처리하는 면역 세포가 있어요. 바로 자연 살해 세포예요. 영어 이름 내추럴 킬러(Natural Killer)에서 따와 NK 세포라고도 불러요.

자연 살해 세포는 세포가 정상인지 아닌지 스스로 구별하는 능력을

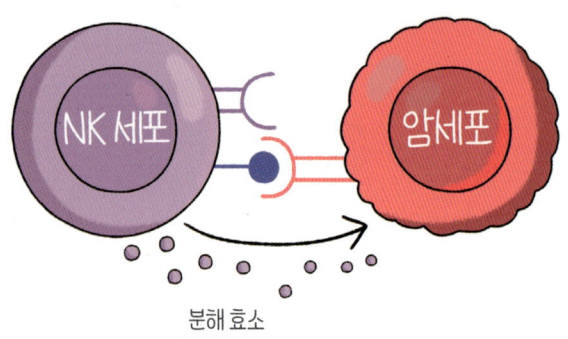

암세포 무찌르는 자연 살해 세포

자연 살해(NK) 세포는 비정상 세포를 발견하면 분해 효소를 내보낸다.

가지고 있어요. 피를 타고 온몸을 돌아다니다가 암세포나 감염된 세포를 만나면 퍼포린이라는 단백질을 내보내 세포막에 구멍을 뚫고 분해 효소 그랜자임을 넣지요. 이렇게 비정상 세포를 없앤답니다.

적을 알면 이긴다, B 세포와 T 세포

대식 세포와 자연 살해 세포는 의심스러운 물질을 만나면 그 즉시 공격을 시작해요. 아주 빠르게요. 그런데 이와 달리 천천히, 그렇지만 확실한 한 방을 준비하는 면역 세포도 있어요. 바로 B 세포와 T 세포예요.

B 세포와 T 세포는 침입자에 맞춰 공격하는 특징이 있어요. 어떤 병원체를 처음 맞닥뜨리면 상대를 모르는 상태에서 싸우기 때문에 낫는 데 시간이 오래 걸리기도 해요. 하지만 한 번이라도 맞닥뜨린 적은 그 특성을 낱낱이 파악해서 기억해 두지요. 그리고 나중에 같은 병원체에

감염되었을 때 아주 강력한 공격으로 단숨에 제거해 버려요.

이러한 특징을 잘 이용한 예시가 예방 접종이에요. 우리 몸이 병들지 않을 정도로 약하게 만든 병원체를 주사해 B 세포와 T 세포가 기억하도록 하면, 다음에 그 병원체가 몸속에 들어왔을 때 효과적으로 싸워서 이길 수 있지요.

보통 어떤 질병에 면역이 생겼다고 하는 경우는 B 세포와 T 세포가 그 질병의 병원체에 대한 기억이 생겼을 때를 말해요. 우리는 태어나 자라면서 수많은 병원체를 만나게 돼요. 그러면 B 세포와 T 세포는 그 병원체에 대한 기억, 즉 면역을 하나씩 더해 가지요. 수많은 병원체를 모두 기억할 수 있다니, 정말 똑똑하지요?

면역 세포의 특징

대식 세포	자연 살해 세포	B 세포와 T 세포
병원체를 잡아먹어 분해한 뒤 그 조각을 내걸어 알림.	암세포나 감염된 세포를 공격해 제거함.	병원체의 특성을 파악해서 효과적으로 공격함.

몸을 보호하는 백혈구

백혈구는 우리 몸의 면역 체계에서 아주 중요한 역할을 해요. 백혈구는 어디에서 만들어질까요?

뼈 중심에 골수라는 조직이 있는데, 골수에 든 줄기세포는 분열해 다양한 세포를 만들어 내요. 이렇게 생겨난 세포는 혈관으로 가서 피(혈액)를 이루는 성분이 되지요. 이 과정을 조혈이라고 해요.

다양한 백혈구

골수에 든 조혈 줄기세포는 백혈구, 적혈구, 혈소판 등을 만들어 내는 능력을 가졌어요. 백혈구, 적혈구, 혈소판은 액체인 혈장과 합쳐져

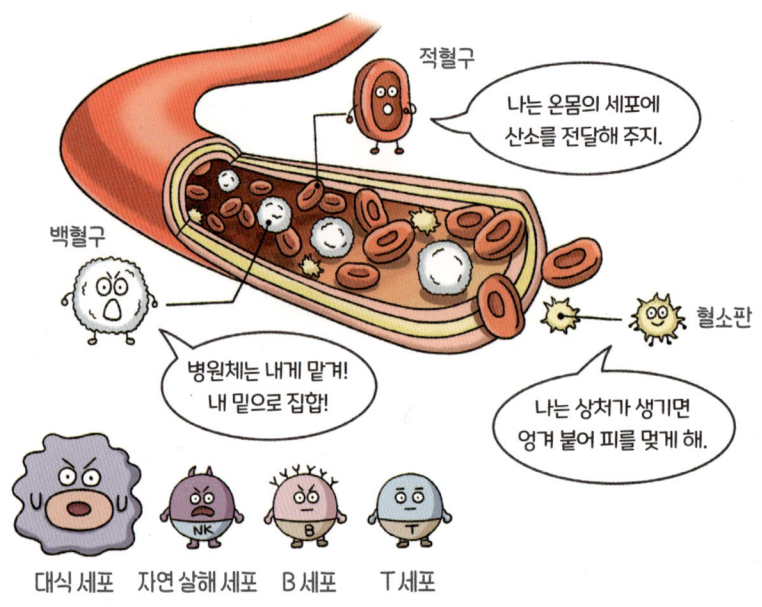

혈액을 이루지요. 혈액을 분리하면 붉은빛을 띠는 적혈구는 가라앉고 혈장은 위로 떠요. 그 사이에 하얀 층을 이루는 것이 백혈구예요. 백혈구는 혈액의 1퍼센트 정도밖에 차지하지 않지만, 면역 기능을 담당하는 중요한 세포랍니다.

백혈구에는 다양한 종류가 있는데, 그중 가장 많은 것은 호중구예요. 호중구는 감염이 일어났을 때 빠르게 움직여 병원체를 무찌르지요. 앞에서 살펴본 대식 세포, 자연 살해 세포, B 세포와 T 세포도 백혈구의 하나예요. 그 밖에도 기생충 감염이나 알레르기에 반응하는 호산구와 호염기구 등이 있어요.

훈련이 필요해!

B 세포와 T 세포처럼 적을 효과적으로 공격하기 위해서는 특별한 훈련이 필요해요. 갓 생겨난 세포는 미성숙한 상태거든요. 제 역할을 톡톡히 해내는 면역 세포로 거듭날 때까지 B 세포는 골수(Bone marrow)에, T 세포는 가슴샘(Thymus)에 머물면서 능력을 길러요. 성숙하는 곳의 알파벳 첫 글자를 따서 이름이 붙었어요.

가장 중요한 능력은 적을 구별하는 것이에요. 우리 몸의 정상 세포를 외부 침입자로 받아들여 공격하면 큰일이니까요. B 세포와 T 세포는 성숙하면서 외부 침입자를 구별할 수 있게 돼요. 그러고 나면 골수와 가슴샘에서 나와 드디어 병원체와 맞붙어 싸워요.

면역을 담당하는 림프계

면역 세포가 만들어지고, 훈련을 받아 성숙하고, 병원체와 싸우는 곳을 면역 기관 또는 림프 기관이라고 해요. 림프액은 림프관을 따라 우리 몸 구석구석의 림프 기관을 돌며 면역 체계가 잘 돌아갈 수 있도록 해요.

면역 세포의 싸움터

림프계는 림프관과 림프샘, 그리고 림프 기관으로 이어져 있는 우리 몸속 순환계예요. 혈액이 혈관을 타고 온몸을 도는 것처럼, 림프액은 림프관을 타고 다니지요. 림프액은 몸속 구석구석에 쌓인 찌꺼기를 모아 처리해요. 마치 청소부처럼요.

림프관이 서로 만나는 부분은 주머니처럼 둥글게 부풀어 있는데, 이 부분을 림프샘이라고 불러요. 여기에 면역 세포가 자리 잡고 있다가 림프액에 섞여 병원체가 나타나면 공격하지요.

골수와 가슴샘처럼 면역 세포가 만들어지거나 성숙하는 곳을 1차 림프 기관, 면역 세포가 병원체를 공격해서 면역 반응을 일으키는 곳을 2차 림프 기관이라고 해요. 목감기에 걸렸을 때 특히 편도가 많이 붓는 이유는 2차 림프 기관의 하나이기 때문이에요. 편도에 모여 있던 면역 세포가 바이러스를 공격하는 과정에서 부기와 통증이 생기는 것이랍니다.

우리 몸의 림프계

1차 림프 기관

골수, 가슴샘처럼 면역 세포가 만들어지거나 성숙하는 곳.

① 골수

② 가슴샘

⑦ 막창자꼬리

2차 림프 기관

편도, 림프샘, 지라(비장), 작은창자(소장) 속 파이에르 판, 막창자꼬리처럼 면역 세포가 병원체를 공격해 면역 반응을 일으키는 곳.

③ 편도

④ 림프샘

⑤ 지라(비장)

⑥ 파이에르판

2화 인체 - 우리 몸의 면역 체계

우리 몸의 면역 체계

우리 몸의 방어벽
- 면역 체계: 몸속에 들어온 외부 물질로부터 스스로를 지키기 위해 방어 능력을 발휘하는 기관과 세포를 통틀어 이르는 말임.
- 피부, 코털, 속눈썹, 눈물, 재채기, 호흡기 점액, 소화액 등은 몸의 1차 방어벽으로서 병원체가 몸속 깊이 들어오지 못하게 막음.

면역 세포 특징과 하는 일
- 1차 방어벽을 뚫고 병원체가 몸속에 침입하면 면역 세포가 일을 시작함.
- 대식 세포는 밖에서 의심스러운 물질이 들어오면 큰 몸으로 이물질을 감싼 다음 리소좀을 이용해 분해함. 이렇게 분해한 병원체 조각을 몸 밖에 달고 다니며 침입자의 정체를 알림.
- 자연 살해 세포는 암세포나 감염된 세포를 공격해 제거함. 영어 이름 내추럴 킬러(Natural Killer)에서 따와 NK 세포라고도 부름.
- B 세포와 T 세포는 침입자에 맞춰 공격하는 특징이 있음. 적을 기억해 두었다가 나중에 같은 병원체에 감염되었을 때 효과적으로 공격함.

혈액 속 면역 세포
- 뼈 중심에는 골수가 있는데, 골수 줄기세포에서 혈액을 이루는 백혈구·

적혈구·혈소판 등이 만들어짐.
- 백혈구는 혈액의 1퍼센트 정도밖에 차지하지 않지만, 여러 가지 면역 세포들로 이루어져 면역 체계에서 중요한 역할을 함. ➡ 대식 세포, 자연 살해 세포, B 세포, T 세포도 백혈구임.
- 성숙한 면역 세포가 되기까지 B 세포는 골수(Bone marrow)에, T 세포는 가슴샘(Thymus)에 머물며 능력을 키움. B 세포와 T 세포는 성숙하면서 외부 침입자를 구별할 수 있게 됨.

림프계 역할

- 림프계: 림프관과 림프샘, 그리고 림프 기관으로 이어져 있는 우리 몸속 순환계임.
- 림프관: 림프액이 흐르는 관임.
- 림프액: 림프관을 타고 온몸의 림프 기관을 돌며 찌꺼기를 처리함.
- 림프샘: 림프관이 서로 만나는 부분은 주머니처럼 둥글게 부풀어 있음. 림프샘에서 면역 세포가 활동하며 림프액에 섞여 병원체가 옮겨 가는 것을 막음.
- 1차 림프 기관: 골수와 가슴샘처럼 면역 세포가 만들어지거나 성숙하는 곳임.
- 2차 림프 기관: 편도, 림프샘, 지라, 작은창자 속 파이에르판, 막창자꼬리처럼 면역 세포가 병원체를 공격해 면역 반응을 일으키는 곳임.

면역 세포가 적을 알아차리는 방법

면역 세포는 병원체를 공격해 우리 몸을 보호해요. 이때 상대가 적인지 같은 편인지 구별하는 일이 무척 중요하겠지요? 면역 세포는 어떻게 제대로 구별할까요? 혹시 눈이라도 달린 걸까요?

세포가 가진 표지판, MHC 분자

우리 몸의 면역 체계는 자기와 비자기 물질을 구별하는 능력이 있어요. 여기서 비자기는 자신이 아닌 외부의 것을 뜻해요. 그러니까 면역 세포는 비자기 물질을 골라서 공격하는 거예요.

사실 세포막에는 특별한 표지판이 붙어 있어요. 이 특별한 표지판이 MHC* 분자랍니다. 면역 세포는 같은 모양의 표지판이 달려 있는 세포는 자기 물질로 받아들여요. 반면에 다른 모양의 표지판이 달려 있으면 비자기 물질로 받아들이지요.

만약 다른 사람의 장기를 옮겨 받을 경우, 이 장기에는 다른 모양의 표지판이 달려서 면역 세포가 비자기 물질이라고 판단해 공격할 수 있어요. 그렇기 때문에 장기 이식을 하고 나면 과한 면역 반응이 생기지 않도록 면역을 억제하는 약을 사용해요.

★ **MHC** Major Histocompatibility Complex, 주조직 적합 복합체.

적의 정체를 알리는 면역 세포

외부 침입자를 알아차리는 방법이 또 있어요. 어떤 면역 세포는 외부 침입자를 다른 면역 세포에게 직접 알려 주기도 해요. 대식 세포가 병원체를 잡아먹고 분해한 조각을 밖에 달고 다니는 것처럼 말이에요. B 세포도 비슷한 능력을 가지고 있어요. 이들을 묶어서 항원 제시 세포라고 부르지요.

항원 제시 세포는 그들만 가진 특별한 MHC 표지판에 분해한 병원체 조각을 붙이고 다녀요. 그러면 이 조각을 보고 T 세포가 면역 반응을 일으킨답니다.

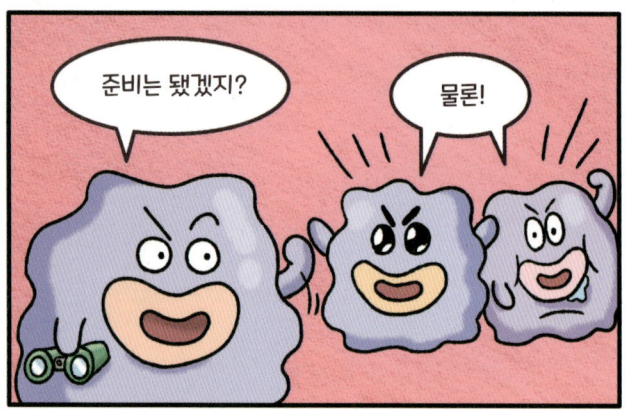
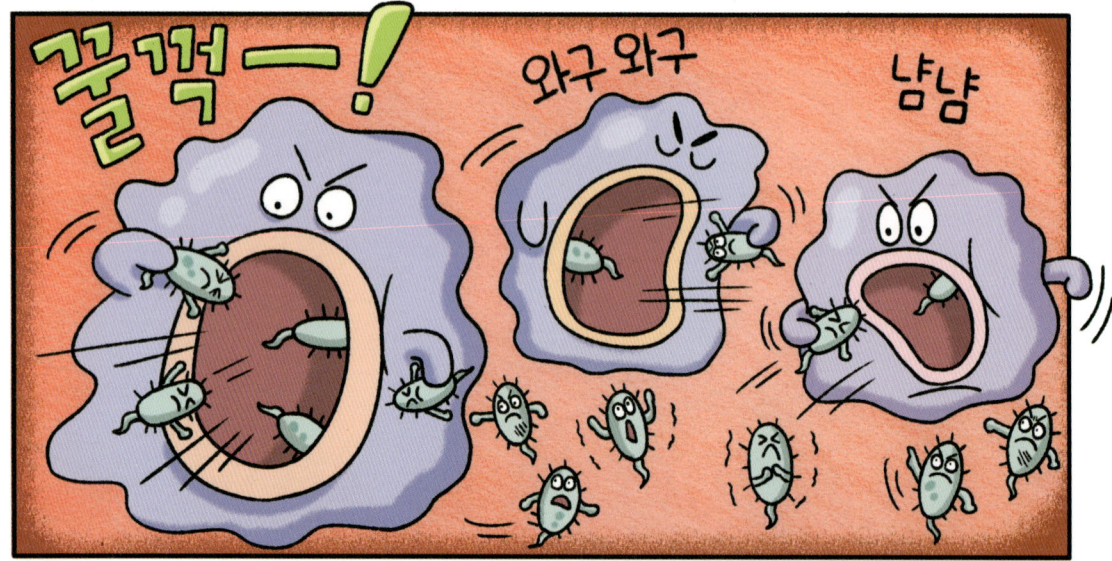

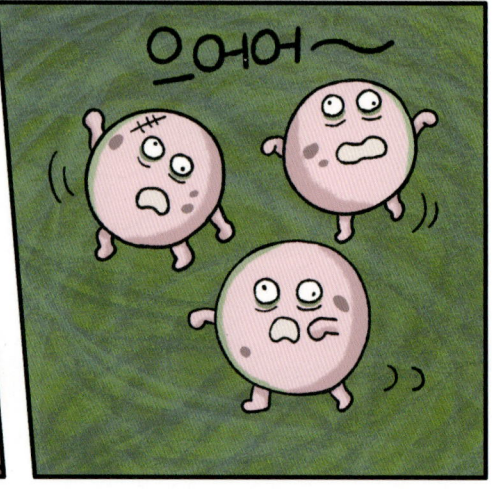

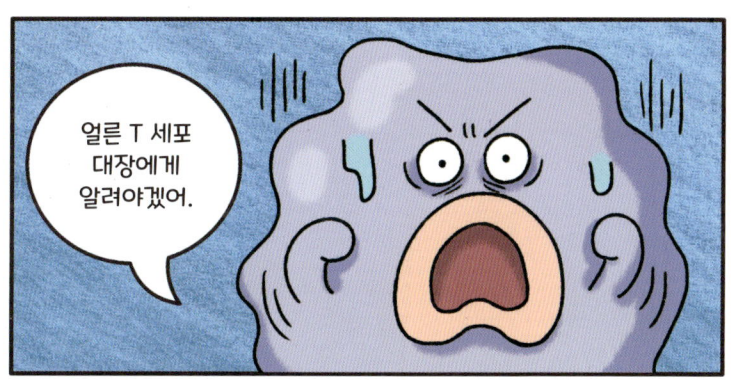

B 세포의 무기

우리는 태어나면서부터 몸을 방어할 힘을 가지는데, 이것을 자연 면역 또는 선천 면역이라고 해요. 피부와 털, 호흡기 점액, 그리고 대식 세포와 자연 살해 세포 등이 여기에 해당하지요. 병원체가 침입하면 자연 면역 세포가 먼저 싸우면서 B 세포나 T 세포가 공격을 준비하게끔 도와요.

열쇠와 자물쇠? 항원과 항체

B 세포가 몸속에서 어떻게 활약하는지부터 알아볼까요? B 세포는 성숙하면서 침입자에게 반응하는 항체를 만드는데, 항체에 침입자가 딱 달라붙는 순간이 공격 시작을 알리는 신호가 되지요.

항체에 붙어 면역 반응을 일으키는 물질을 항원이라고 해요. 세균과 바이러스 같은 병원체뿐 아니라 세포나 외부 물질 등 면역 반응을 일으키는 모든 것이 항원이 될 수 있어요. 항원은 B 세포가 만들어 낸 항체를 만나면 힘을 잃어 더는 우리 몸에 해가 되는 활동을 하지 못해요.

세상에는 수많은 종류의 항원이 존재해요. 세균이나 바이러스만 해도 엄청나게 다양한 종류가 있잖아요. 그런데 B 세포의 항체는 마치 열쇠와 자물쇠처럼 서로 꼭 맞는 항원을 만나야 반응해요.

병원체, 꼼짝 마!

B 세포의 항체와 어떤 항원이 딱 들어맞으면 무슨 일이 벌어질까요? 자극을 받은 B 세포는 항원이 많이 침입했다고 판단해 수를 늘려요. 세포가 여러 개로 나누어지며 특수한 기능을 가지게 되는데, 이 과정을 분화라고 하지요. 일부는 한꺼번에 많은 항체를 만들어 내는 형질 세포가, 다른 일부는 항원에 대한 정보를 기억하고 저장하는 기억 B 세포가 돼요. 형질 세포가 만들어 낸 항체는 몸속에 퍼진 항원에 달라붙어요. 기억 B 세포는 나중에 같은 항원이 몸속에 다시 들어왔을 때 효과적으로 공격할 수 있도록 돕고요. 덕분에 항체를 더 빠르게 더 많이 만들어 낼 수 있는 거예요.

항체는 항원에 달라붙어 꼼짝달싹 못 하게 만들어요. 항체가 덕지덕지 달라붙은 항원은 대식 세포에게 쉽게 발견되어 잡아먹힌답니다.

항원 항체 반응

항체는 특정 항원과 서로 들어맞는다.

항원
항체

항체는 병원체 표면의 항원에 달라붙어서 활동을 막는다.

T 세포의 특별한 능력

B 세포가 자극을 받아 형질 세포와 기억 B 세포로 분화하는 과정에는 T 세포의 도움이 꼭 필요해요. 골수에서 만들어져 가슴샘에서 훈련을 마친 T 세포는 혈관과 림프관을 따라 온몸을 돌아다녀요. 그러다 항원을 맞닥뜨리면 B 세포처럼 자극을 받아 분화를 시작하지요. 어떤 것은 기억 T 세포가 되고, 또 어떤 것은 특별한 능력을 가져요.

세포 사냥꾼, 킬러 T 세포

킬러(killer) T 세포는 몸속을 돌아다니며 어떤 세포가 정상인지 아닌지 구별해요. 비정상 세포로 판단하면 어떻게 되냐고요? T 세포가 단단히 달라붙어 세포를 파괴하는 퍼포린과 그랜자임을 내보내 죽이지요. 그래서 킬러 T 세포를 '세포 독성 T 세포'라고도 불러요. 세포를 죽일 독성을 가지고 있으니까요. 감염된 세포 말고도 암세포, 손상돼 기능을 잃은 세포 등을 모두 제거해요.

면역 지휘관, 보조 T 세포

우리 몸이 침입자에게 공격을 받았다고 생각해 봐요. B 세포에게 항원에 맞서는 항체를 만들게 할지, 킬러 T 세포에게 감염된 세포를 제거하도록 할지 몸의 상태를 잘 살펴서 판단해야 할 거예요. 이를 결정하는 것이 보조 T 세포예요. 보조 T 세포는 스스로 항체를 만들거나 세포를 죽이지는 못하지만 B 세포와 킬러 T 세포의 면역 반응 중 어떤 쪽을 활발하게 할지 결정하고 신호를 보내요. 이름에 '보조'가 붙지만 전쟁터에서 시시각각 변하는 상황에 따라 작전을 짜고 군대를 이끄는 지휘관이나 다름없지요.

면역 반응을 달래는 조절 T 세포

때로는 우리 몸에서 면역 반응이 너무 심하게 일어나 문제가 생기기도 해요. 몸에 해를 끼치지 않는 음식물을 항원으로 받아들여 알레르기 증상이 나타나거나, 정상 세포를 비정상 세포라고 판단해 면역 세포가 공격하는 일이 벌어져요. T 세포 가운데 조절 T 세포는 이런 일이 생기지 않도록 균형을 맞추는 역할을 해요. 과한 면역 반응을 가라앉혀야 할 때 지휘관인 보조 T 세포에게 신호를 보내 알리지요.

우리 몸을 지키는 군대

태어날 때부터 가지는 면역 능력을 자연 면역(선천 면역)이라고 했지요? 이와 달리 B 세포와 T 세포처럼 병원체와 맞섰던 경험을 통해 쌓는 능력을 적응 면역(획득 면역)이라고 해요. 자연 면역과 적응 면역은 서로 연결되어 우리 몸을 보호해요. 우리 몸을 하나의 나라로 치면 면역 체계는 든든한 군대와 같아요.

면역 세포의 합동 작전

지금까지 우리는 다양한 면역 세포들을 만나 보았어요. 뭐든 닥치는 대로 잡아먹는 대식 세포, 항체를 만드는 B 세포, 비정상 세포를 찾아 죽이는 킬러 T 세포, 공격 명령을 내리는 보조 T 세포, 면역 반응 균형을 맞추는 조절 T 세포, 정보를 기억하는 B 세포와 T 세포, 그리고 자연 살해 세포도 있지요.

비정상 세포를 직접 제거하는 면역을 세포성 면역이라고 해요. 자연 살해 세포나 킬러 T 세포가 해당돼요. 반면 항체를 만들어 이루어지는 면역을 체액성 면역이라고 해요. 그 주인공이 바로 B 세포이고요.

어느 하나의 활약만으로 면역 체계가 완성될 수 없어요. 우리 몸이 건강하려면 다양한 면역 기관이 겹겹이 힘을 합쳐 병원체를 막고, 또 면역 세포들이 서로 신호를 주고받으며 적절한 반응을 일으켜야 하지요. 그래야 수많은 침입에도 끄떡없이 버틸 수 있어요.

우리 몸의 면역 반응

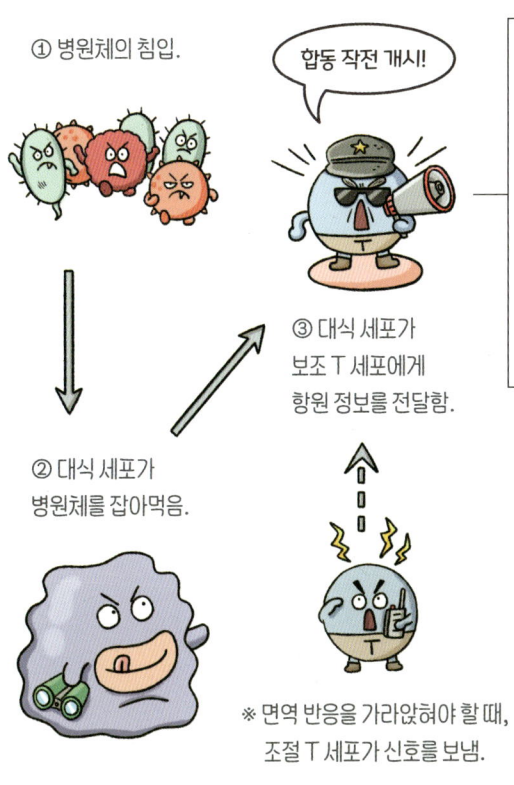

① 병원체의 침입.
② 대식 세포가 병원체를 잡아먹음.
③ 대식 세포가 보조 T 세포에게 항원 정보를 전달함.

합동 작전 개시!

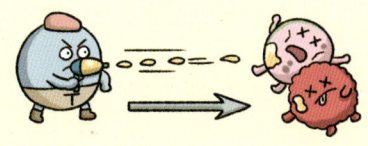

④ 보조 T 세포가 킬러 T 세포에게 명령을 내림.
⑤ 킬러 T 세포가 비정상 세포를 공격함.

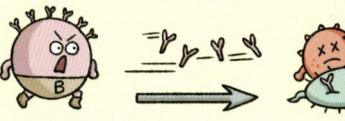

④ 보조 T 세포가 B 세포에게 항체를 생산하도록 명령함.
⑤ 항체가 항원에 달라붙어 힘을 쓰지 못하게 함.

※ 면역 반응을 가라앉혀야 할 때, 조절 T 세포가 신호를 보냄.

세포 사이의 신호 물질, 사이토카인

tip

군대는 약속된 신호를 주고받아 정보를 나눠요. 우리 몸의 면역 세포는 정보를 어떻게 주고받을까요? 그 비밀은 신호 전달 물질인 사이토카인(cytokine)에 있어요. 그리스 어원에서 세포를 의미하는 'cyto'와 움직임을 뜻하는 'kine'을 가져온 것이지요. 면역 세포는 다양한 사이토카인 단백질을 내보내 서로의 활동에 관여해요.

면역 세포가 하는 일

면역의 종류
- 자연 면역: 태어나면서부터 가지는 면역으로, 선천 면역이라고도 함.
- 적응 면역: 병원체와 맞섰던 경험을 통해 쌓는 면역으로, 획득 면역이라고도 함.
- 자연 면역과 적응 면역은 서로 연결되어 몸을 보호함. 병원체가 침입하면 자연 면역 세포가 먼저 싸우면서 적응 면역 세포가 준비할 수 있도록 도움. 적응 면역 세포로는 B 세포와 T 세포가 있음.
- 세포성 면역: 비정상 세포를 공격해 제거하는 면역으로, 킬러 T 세포나 자연 살해 세포가 담당함.
- 체액성 면역: 항체를 만들어 이루어지는 면역으로, B 세포가 담당함.

B 세포의 역할
- 성숙한 B 세포는 침입자에게 반응하는 항체를 만듦. ➡ 면역 반응을 일으키는 병원체나 외부 물질을 항원이라고 함. 항체는 열쇠와 자물쇠처럼 들어맞는 항원을 만나야 반응함. ➡ 자극을 받은 B 세포는 항원이 침입했다고 판단해서 분화함. 일부는 형질 세포로 변해 항체를 한꺼번에 많이 만들어 내고, 다른 일부는 항원의 정보를 기억하고 저장하는 기억 B 세포가 됨.

- 항체는 항원에 달라붙어 활동을 막음. 또 항체가 달라붙은 항원은 대식 세포에게 잘 띄어 쉽게 잡아먹힘.
- 기억 B 세포는 병원체를 기억해 두었다가 나중에 다시 침입하면 항체를 빠르게 만들어 내도록 도움.

T 세포의 역할

- 골수에서 만들어진 T 세포는 가슴샘에서 성숙함. 이후 혈관과 림프관을 따라 온몸을 돌아다님. 그러다 항원을 맞닥뜨리면 자극을 받아 분화함.
- 킬러 T 세포: 비정상 세포를 구별해 파괴함. 세포를 죽일 독성을 가지고 있다고 해서 세포 독성 T 세포라고도 불림.
- 보조 T 세포: 다른 면역 세포가 활동하도록 명령을 내리는 지휘관 역할을 함.
- 조절 T 세포: 신호를 보내 면역 반응 균형을 맞춤.

상처에 무슨 일이?

넘어지거나 날카로운 것에 긁혀 상처가 생긴 적이 있나요? 아마도 화끈화끈 얼얼했을 거예요. 그러다 시간이 지나면 딱지가 앉으며 상처도 자연스럽게 아물지만요. 과연 몸속에서 어떤 일이 벌어지는 것일까요?

상처를 치료하는 염증 반응

상처가 생기면 우리 몸에서는 염증 반응이 나타나요. 이것은 자연 면역과 적응 면역이 함께 일으키는 반응이랍니다.

피부에 상처가 생기면 병원체가 쉽게 침입할 수 있게 돼요. 그러면 먼저 상처 부위에 있던 대식 세포가 알아차리고 병원체를 잡아먹어요. 여기서 끝이 아니에요. 주변 세포들이 히스타민이나 사이토카인 같은 신호 물질을 내보내 다른 면역 세포들을 불러 모으지요. 침입한 병원체를 모조리 없애기 위해서요.

신호를 받은 면역 세포들은 혈액에 실려 상처 부위로 몰려들어요. 혈액이 몰리며 혈관이 부풀어 오르지요. 이제 백혈구가 나설 차례예요. 가느다란 모세 혈관을 빠져나온 백혈구는 남은 병원체를 잡아먹어요. 그러는 과정에서 피부가 화끈거리며 부어오르고 통증이 나타나는 거예요.

한편 혈소판은 서로 엉겨 붙어서 딱지를 이루어 피를 멎게 해요. 이렇게 상처 부위를 덮으면 추가 감염을 막는 효과가 있지요.

상처가 생기면 화끈화끈 얼얼한 까닭은 결국 감염으로부터 몸을 보호하기 위한 것이었어요. 염증 반응이 불편하게 느껴지겠지만, 몸속에서 면역 세포가 열심히 싸우고 있다고 생각하면 조금은 견딜 만하겠죠?

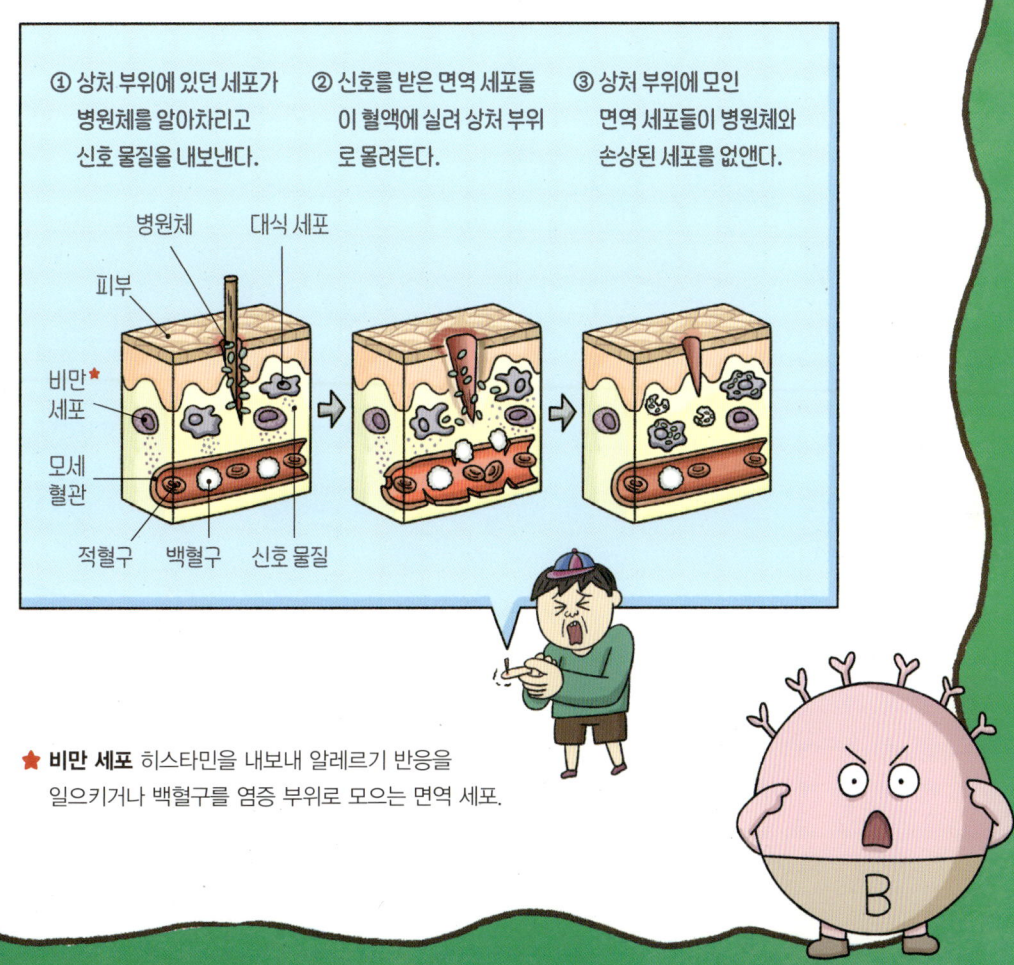

★ **비만 세포** 히스타민을 내보내 알레르기 반응을 일으키거나 백혈구를 염증 부위로 모으는 면역 세포.

- 면역 체계에 이상이 생기면
- 무서운 백혈병
- 늙지도 죽지도 않는 암세포

한눈에 쏙   면역 체계 이상으로 생기는 질병
한 걸음 더   암, 무섭지만 이길 수 있다!

면역 체계에 이상이 생기면

든든한 면역 세포도 가끔 알 수 없는 이유로 문제를 일으켜요. 밖에서 들어온 물질이 우리 몸에 그다지 해롭지 않은데도 과한 면역 반응을 일으키거나, 반대로 면역 반응이 일어나야 할 상황인데도 잠잠하기도 해요. 때로는 면역 체계가 몸을 공격해 문제가 되지요.

알레르기는 왜 생길까?

봄철에 꽃가루가 날리기 시작하면 알레르기로 고생하는 사람이 많아요. 재채기가 터지고, 눈물과 콧물이 흐르며, 가려움증과 두드러기까지 나타나고는 해요. 알레르기는 왜 생길까요?

공기 중을 떠다니던 꽃가루가 코나 입으로 들어오면 일부는 코털에 걸리고 또 일부는 재채기와 함께 밖으로 빠져나가요. 그런데 끈끈한 점막에 딱 달라붙으면 꽃가루에서 단백질 성분이 빠져나와 그대로 흡수되기도 해요.

3D 그림으로 보는 꽃가루

우리 몸을 감시하던 대식 세포는 외부 단백질 성분을 금세 알아차리고 집어삼켜요. 집어삼킨 단백질을 분해해 항원 조각을 내걸지요. 이 항원을 보조 T 세포가 발견하고 나면 신호 물질을 내보내 B 세포에게 명령을 내려요. 신호를 받은 B 세포는 항체를 만들어 내고요. 이것이 정상적 면역 반응 과정이에요.

그런데 꽃가루는 몸에 해를 입히는 병원체가 아니어서 면역 반응이 심하게 나타날 필요가 없어요. 이때 면역 반응이 가라앉도록 신호를 보내는 것이 바로 조절 T 세포의 역할이지요.

조절 T 세포는 보조 T 세포에게 더 이상 항체를 만들어 내지 않아도 된다는 신호를 보내요. 이 일이 제대로 이루어지지 않았을 때 면역 반응이 과하게 일어나 알레르기 증상이 나타나는 거예요.

알레르기를 일으키는 물질을 알레르기 항원 또는 알러젠이라고 불러요. 꽃가루뿐 아니라 먹을거리, 약, 털, 곤충의 독, 집먼지진드기, 가정용 화학 용품 등 다양한 물질이 알레르기를 일으키는 항원이 될 수 있어요. 알레르기 증상이 나타나면 원인을 찾아 없애거나 피하는 것이 좋아요. 그래도 나아지지 않으면 치료를 받아야 해요.

목숨까지 위협하는 면역 결핍 질환

면역 결핍은 흔하게 생기는 병은 아니에요. 면역 세포를 만들지 못하는 유전적 문제를 가지고 태어나거나, 또는 면역 세포를 파괴하는 바이러스에 감염돼 생기기도 해요.

한 예로 HIV*는 보조 T 세포를 공격해 파괴하는데, 에이즈(AIDS, 후천 면역 결핍증)의 원인이지요. 에이즈에 감염되면 면역 기능이 크게 떨어져 감기에만 걸려도 위험할 수 있어요.

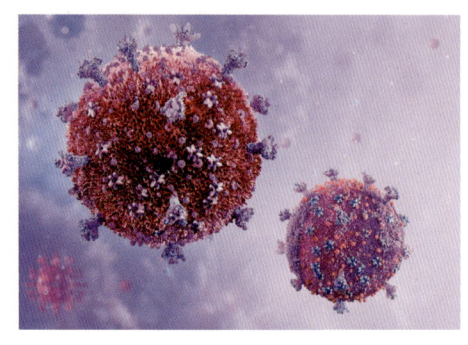

3D 그림으로 보는 HIV

면역 결핍 상태에 이르는 경우는 매우 드물어요. 하지만 영양소를 충분히 섭취하지 못하거나, 무리하며 스트레스를 받거나, 나이가 많이 들면 면역 체계가 약해질 수 있어요. 면역 체계를 건강하게 지키기 위해서는 음식을 골고루 먹고, 운동을 꾸준히 하며, 또 충분한 휴식을 가져야 해요.

스스로를 공격하는 자가 면역 질환

또 다른 문제가 있어요. 이 문제는 공격해야 할 세포와 공격하지 말아야 할 세포를 구별하지 못해서 생기지요. 정상적 면역 세포라면 자기 몸에 원래 있던 단백질을 공격하지 않아요. 자기와 외부 물질을 구별할 수 있도록 훈련받으니까요. 물론 외부에서 들어온 물질이라고 해서 항상 공격하는 것도 아니에요.

예를 들어 음식이 창자에 들어왔을 때, 이를 항원으로 보고 면역 반

★ **HIV** Human Immunodeficiency Virus, 사람 면역 결핍 바이러스.

응을 일으키면 안 되잖아요? 이렇게 상황에 따라서는 면역 체계가 반응하지 않아서 우리 몸을 보호하기도 해요. 그런데 만약 이 면역 체계가 깨져 스스로를 공격한다면 어떤 일이 생길까요?

면역 체계가 스스로 세포를 공격해 생기는 여러 가지 질병을 자가 면역 질환이라고 해요. 보통 염증 반응이 따르는데, 면역 세포가 어느 부분을 주로 공격하는지에 따라 병명이 달라져요. 대표적 자가 면역 질환으로는 전신 홍반 루푸스, 류머티즘성 관절염 등이 있어요.

자가 면역 질환이 생기는 원인은 뚜렷하게 밝혀지지 않았어요. 바이러스나 약물 등의 영향으로 우리 몸속 단백질 모양이 변하거나, 외부 단백질 구조와 우리 몸속 단백질 구조가 비슷할 때 면역 체계가 착각할 수 있다고 추측할 뿐이에요. 어쩌면 B 세포나 T 세포가 자신과 외부 물질을 구별하는 능력을 제대로 갖추지 못해서일 수도 있고요. 자가 면역 질환은 여러 가지 원인이 복합적으로 섞여 나타나는 것으로 생각돼요.

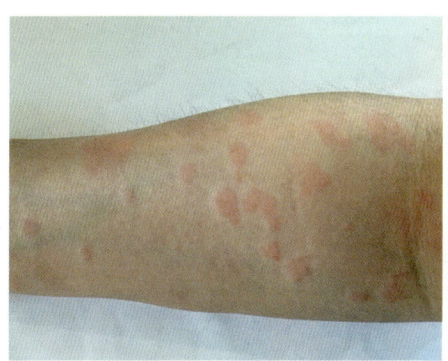 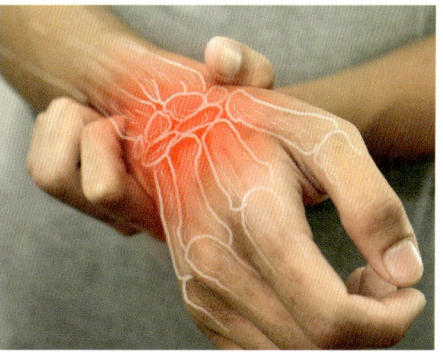

온몸에 염증 반응이 나타나는 전신 홍반 루푸스 면역 세포가 골막을 공격해 생기는 류머티즘성 관절염

무서운 백혈병

백혈병은 혈액 속에 비정상 백혈구 수가 지나치게 많아지는 병이에요. 원인이나 진행 속도에 따라 크게 급성 백혈병과 만성 백혈병으로 나뉘지요. 백혈병에 걸리는 이유는 무엇일까요?

백혈구가 많이 늘어나면

골수에는 백혈구, 적혈구, 혈소판 등 혈액 세포를 만드는 줄기세포가 들어 있어요. 이 줄기세포를 '어미 모(母)' 자를 붙여 조혈 모세포라고도 부르지요.

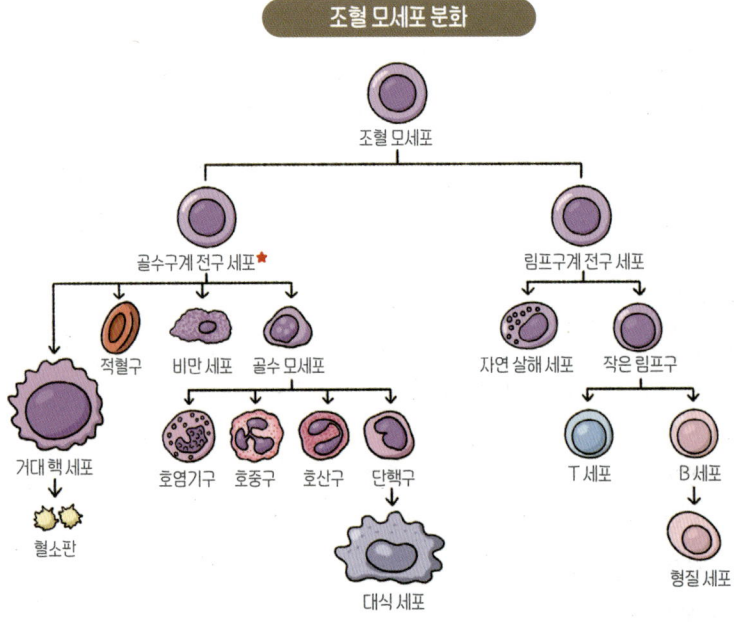

★ **전구 세포** 특정 세포가 완전한 형태를 갖추기 전 단계의 세포.

앞에서 살펴봤지만 조혈 모세포는 분화해 대식 세포가 되기도 하고, B 세포나 T 세포가 되기도 해요. 각각의 세포는 이렇게 분화하고 성숙하는 과정을 거쳐 제 역할을 해내는 거예요.

그런데 이 과정에서 어떤 문제가 생겨 제대로 자라지 못하는 일이 벌어지기도 해요. 그러면 어리고 비정상적인 백혈구가 마구 늘어나는데, 이것이 백혈병이에요. 늘어난 백혈구는 그 수가 아무리 많더라도 미성숙한 상태여서 제 역할을 해낼 수 없어요. 게다가 골수에서 정상적 백혈구, 적혈구, 혈소판 등이 만들어지는 것을 방해하지요.

한편 백혈병을 혈액암이라고도 불러요. 보통의 암과 달리, 혈액암은 암세포가 혈액을 타고 돌아다니기 때문에 수술로 제거하는 게 어려워요. 그래서 항암제 같은 약물을 써 억제하지요. 골수에 생긴 근본적 원인을 치료하기 위해 건강한 사람의 골수를 이식하기도 해요.

급성 백혈병 증상

적혈구가 줄면 빈혈로 얼굴빛이 나빠지고 어지럼증·두통 등이 나타난다.

백혈구가 줄면 면역력이 떨어져 감염이 쉽게 일어난다.

혈소판이 줄면 피가 잘 멎지 않고 멍이 자주 든다.

4화 의학 – 면역 체계 이상으로 생기는 질병

늙지도 죽지도 않는 암세포

　암은 몸속에 해로운 세포가 생겨서 자꾸 불어나는 병이에요. 암세포는 결국에 주변 조직이나 다른 장기로 퍼져 문제를 일으키지요. 암세포와 정상 세포는 모두 세포이기 때문에 분열하는 공통점이 있어요. 그러면 둘의 차이점은 무엇일까요?

암세포의 꼼수

　세포는 손상되거나 노화된 세포를 대신하기 위해 분열해요. 필요한 만큼을 채우면 분열을 멈추지요. 오래되어 기능이 떨어진 세포는 스스로 죽기도 하고요. 그런데 암세포는 분열을 멈추지 않고 계속 늘어나고 자라요. 그러다가 주변 조직이나 다른 기관으로까지 퍼져 나가

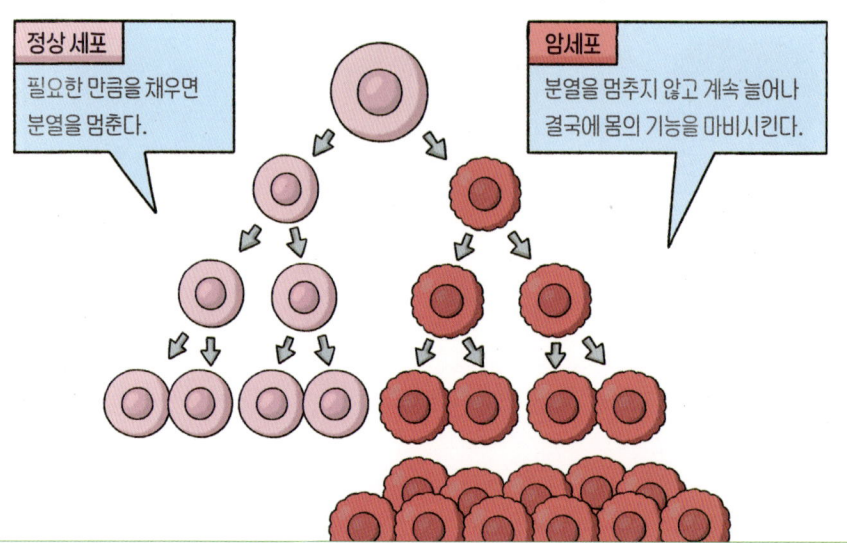

암세포와 정상 세포 비교

정상 세포: 필요한 만큼을 채우면 분열을 멈춘다.

암세포: 분열을 멈추지 않고 계속 늘어나 결국에 몸의 기능을 마비시킨다.

지요. 암세포 덩어리가 너무 커지면 몸의 기능이 마비되기 때문에 가능한 빨리 없애야 해요. 방사선을 쏘아 암세포 덩어리를 파괴하거나 수술해 떼야 하지요.

그런데 이상하다고요? 비정상 세포를 보면 공격하는 자연 살해 세포나 킬러 T 세포가 있는데 어떻게 암세포 덩어리가 생기는지 궁금할 거예요. 사실 암세포는 면역 세포의 공격을 피하려고 꼼수를 부려요. 스스로 유전자를 바꾸거나, 세포 표면에 면역 세포가 잘 활동하지 못하도록 하는 단백질 성분을 달고 다니기도 하지요. 얼마 전 세계적 제약 회사의 연구 팀은 킬러 T 세포가 세포막에 구멍을 내자 암세포가 단백질을 모아 원래대로 되돌리는 능력을 보였다고 발표하기도 했어요. 암세포의 꼼수가 정말 놀랍죠?

안타깝게도 암은 우리 몸의 면역 체계만으로는 치료하기가 힘들어요. 인류는 암을 정복하기 위해서 다양한 치료법과 약물을 개발해 왔어요. 그 연구는 지금도 계속되고 있답니다.

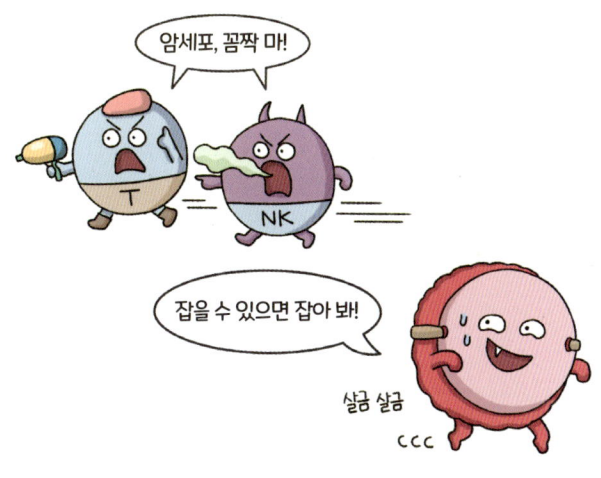

면역 체계 이상으로 생기는 질병

면역 체계에 생긴 이상

- 면역 체계에 균형이 깨져 면역 반응이 과하거나 부족하면 우리 몸에 이상 증상이 나타남.
- 과민 반응(알레르기 반응)은 몸에 해롭지 않은 물질에 너무 강한 면역 반응을 일으키는 상태를 뜻함.
- 알레르기를 일으키는 물질을 알레르기 항원 또는 알러젠이라고 함. 꽃가루뿐 아니라 먹을거리, 약, 털, 곤충의 독, 집먼지진드기, 가정용 화학 용품 등 다양한 물질이 알레르기를 일으키는 항원이 될 수 있음.
- 면역 결핍은 면역 체계에 이상이 생겨 정상적 반응이 나타나지 못하는 상태를 뜻함. 면역 결핍 상태에서는 질병에 쉽게 걸리게 됨. ➡ 면역 세포를 만들지 못하는 유전적 문제를 가지고 태어나거나, 또는 면역 세포를 파괴하는 바이러스에 감염돼 생김. ➡ HIV는 에이즈를 일으키는 바이러스로, 보조 T 세포를 공격해 면역력을 떨어뜨림.
- 자가 면역 질환은 면역 체계가 자기 조직이나 세포를 공격해서 생김. 여러 가지 원인이 복합적으로 섞여 나타나는 것으로 추측함. ➡ 대표적 자가 면역 질환으로 전신 홍반 루푸스, 류머티즘성 관절염 등이 있음.

백혈병의 원인과 치료법
- 백혈병은 세포 성숙이 제대로 이루어지 않아 혈액 속에 어리고 비정상적인 백혈구가 늘어나서 생김. ➡ 골수에서 정상적 백혈구, 적혈구, 혈소판 등이 만들어지는 것을 방해해서 몸에 증상이 나타남.
- 백혈병은 혈액암이라고도 불림. 항암제 같은 약물을 쓰거나, 건강한 사람의 골수를 이식해서 치료함.

암세포의 특징
- 필요한 만큼을 채우면 분열을 멈추는 정상 세포와 달리 암세포는 분열을 멈추지 않고 계속 늘어나 결국에 몸의 기능을 마비시킴.
- 암세포는 면역 세포의 공격을 피하려고 스스로 유전자를 바꾸거나, 세포 표면에 특별한 단백질 성분을 달고 다니기도 함.

암, 무섭지만 이길 수 있다!

최근 조사에 따르면 우리 국민 사망 원인 1위가 암으로 밝혀졌어요. 암이 더욱 무서운 이유는 생명과 직접 연결되어 있기 때문이 아닐까요?

암은 왜 생길까?
암은 누구나 피하고 싶은 질병이지만, 많은 사람이 암으로 고통받고 있어요. 기대 수명까지 살 경우 남자는 다섯 명에 두 명꼴로, 여자는 세 명에 한 명꼴로 암에 걸릴 가능성이 있다고 해요. 요즘은 나이에 상관없이 암 환자가 늘고 있어 특히나 문제가 심각하지요.
어떤 이유로 암에 걸리는지는 정확히 밝혀지지 않았어요. 다만 발암 화학 물질, 방사선, 바이러스, 유전 등을 원인으로 봐요. 또 술과 담배를 자주 접하거나, 스트레스를 심하게 받는 등 해로운 습관과 환경이 암에 걸릴 위험을 높이는 것으로 생각돼요.

암, 예방할 수 있다!
세계보건기구(WHO)는 암 발생의 3분의 1은 예방이 가능하고, 또 3분의 1은 조기 검진과 치료로 완전히 나을 수 있으며, 나머지 3분의 1도 적절히 치료만 하면 환자의 고통을 줄일 수 있다고 강조해요.
암 초기에는 뚜렷한 증상이 나타나지 않아서 규칙적으로 검진을 받는

게 정말 중요해요. 암세포를 일찍 발견할수록 완치될 가능성이 높아지니까요. 우리나라는 흔히 발생하는 위암, 유방암, 대장암, 간암, 자궁 경부암 등에 대해 암 검진을 지원하는 사업을 벌이고 있답니다.

암은 무시무시한 병이지만 충분히 예방할 수 있어요. 건강 검진을 챙겨 받고, 건강한 식습관과 생활 습관을 가져요. 또 충분한 휴식과 운동도 빼놓아서는 안 되겠죠?

암을 예방하는 생활 수칙

① 담배 연기 피하기   ② 균형 잡힌 식사하기   ③ 꾸준히 운동하기   ④ 건강 몸무게 유지하기

⑤ B형 간염과 자궁 경부암 등 예방 접종 받기   ⑥ 되도록 발암 물질에 노출되지 않기   ⑦ 건강 검진 챙겨 받기

- 면역 체계도 늙는다고?
- 질병에 대비하는 법, 백신
- 인류를 위협하는 새로운 질병
- 질병을 정복하는 그날까지

한눈에 쏙 질병 예방과 치료를 위한 노력
한 걸음 더 의학과 기술이 만나면

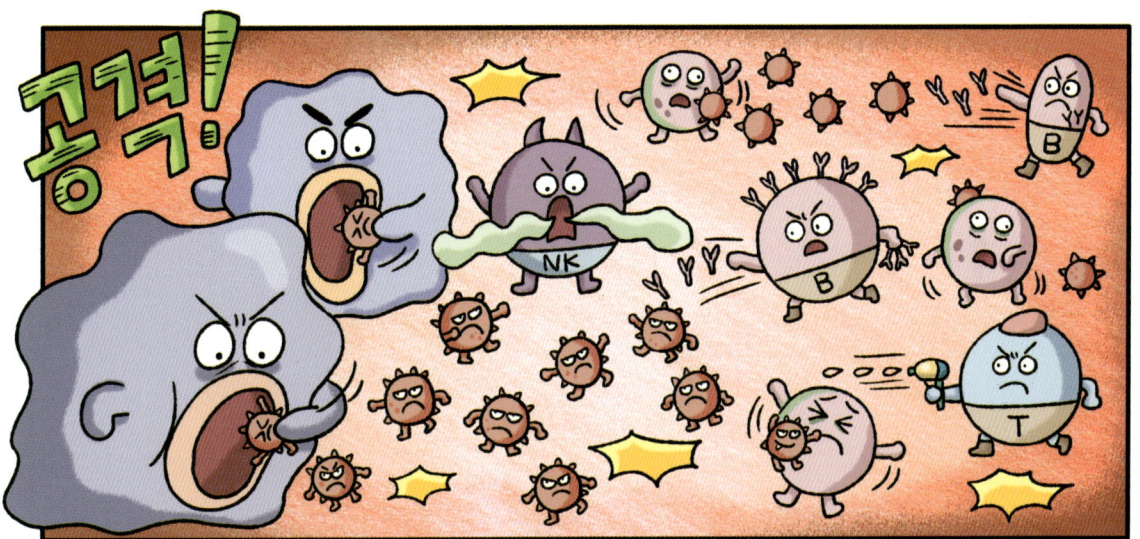

면역 체계도 늙는다고?

나이가 많이 들면 몸의 기능이 약해지면서 자연스럽게 면역력도 점점 떨어져요. 이를 노화라고 해요. 면역 세포에 노화가 찾아오면 어떤 일이 벌어질까요?

느려지고 줄어들고

면역 세포 노화는 곧 면역 체계의 기능과 효과가 떨어지는 것을 뜻해요. 대식 세포가 노화하면 외부 물질을 발견했을 때 먹어 치우는 게 더뎌지고, B 세포나 T 세포가 노화하면 침입자에 대한 정보를 이미 가지고 있더라도 반응 속도가 느려져요. 면역 세포를 만들어 내는 능력도 줄어들고요. T 세포가 성숙하는 기관인 가슴샘 기능이 떨어지면, 면역 체계에 중요한 역할을 맡는 T 세포가 줄어들 수밖에 없어요. 이렇게 면역 체계가 전체적으로 약해지지요.

이러한 이유로 노인일수록 감염에 약하며 암 같은 질병에 걸릴 위험이 커져요. 자신과 외부 물질을 구별하는 능력 또한 떨어져 자가 면역 질환이 쉽게 생길 수 있어요.

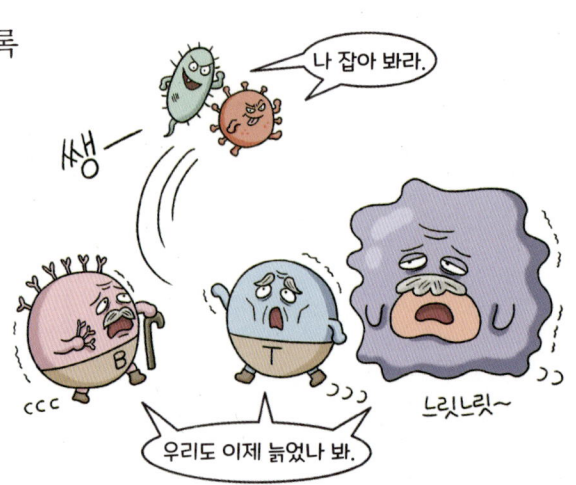

질병을 예방하는 생활 속 실천

누구든 노화를 피할 수 없어요. 노화로 몸의 기능이 약해지는 것은 자연스러운 일이지요. 하지만 평소에 노력을 기울이면 세포가 노화하는 속도를 늦춰 면역 체계를 오래도록 건강하게 지킬 수 있답니다. 이를 위해 일상생활 속에서 우리가 어떤 노력을 할 수 있을까요?

> 하나, 음식을 골고루 먹고 물을 충분히 마셔요.
> 둘, 잘 자고 잘 쉬어요.
> 셋, 꾸준히 운동해요.
> 넷, 내 몸에 맞는 건강한 몸무게를 유지해요.
> 다섯, 몸을 깨끗하게 관리해요.
> 여섯, 스트레스를 너무 많이 받지 않도록 해요.
> 일곱, 예방 접종을 챙겨 맞아요.

음식을 골고루 먹으면 우리 몸에 도움을 주는 영양소를 섭취할 수 있어요. 비타민, 미네랄 같은 영양소는 몸속에서 세포를 공격하는 활성 산소를 줄여 주지요. 활성 산소는 스트레스를 많이 받거나 생활 습관이 불규칙할 때 생겨나요. 이런 원인을 줄이고 피하는 것도 중요하겠지요? 또 몸을 깨끗이 관리하면 감염 위험을 줄일 수 있어요. 참! 예방 접종을 챙겨 맞는 것도 잊지 말아요.

인류를 위협하는 새로운 질병

과학과 의학이 발달한 현대에도 신종 플루, 신종 코로나바이러스 감염증 등 새로운 질병이 생겨나 우리를 위협했어요. 앞으로 또 어떤 새로운 질병이 나타나 인류를 괴롭힐지 몰라요.

돌연변이의 탄생

신종 플루는 A형 인플루엔자 바이러스가 변이를 일으켜 생긴 새로운 바이러스에 의해 일어나는 독감이에요. 돼지 사이에서 돌던 바이러스가 변이로 인해 사람에게까지 전파됐지요. 2009년 전 세계에 퍼져 수많은 감염자와 사망자를 냈어요.

여러분도 익히 알고 있는 코로나바이러스 감염증-19(COVID-19) 역시 새로운 바이러스에 의해 생긴 호흡기 감염 질환이에요. 대유행으로 전 세계가 떠들썩하기 전에도 사스(SARS, 중증 급성 호흡기 증후군)

태양 코로나

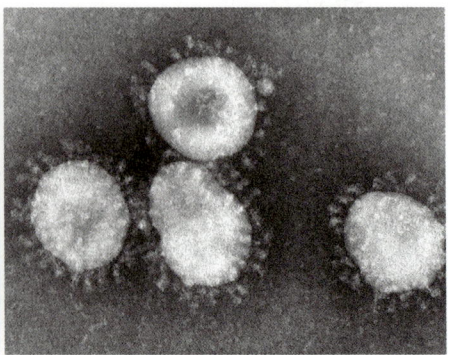

코로나바이러스

와 메르스(MERS, 중동 호흡기 증후군) 같은 새로운 질병이 나타나 많은 사람을 두려움에 떨게 했지요. 이들은 모두 코로나바이러스가 변이를 일으켜 생겨난 것이었어요. 표면 모양이 태양 대기의 가장 바깥에 있는 엷은 가스층인 코로나와 비슷해서 이름이 붙었지요.

환경 파괴가 불러온 질병

새로운 질병이 자꾸 나타나는 이유가 무엇일까요? 과학자들은 우리가 자연을 해치고 오염시켜서라고 말해요.

숲을 없애고 습지를 메우자 그곳에 살던 동물이 사람과 가까운 데로 사는 곳을 옮기게 됐어요. 그러다 보니 전보다 바이러스가 빠르게 퍼지고 변이가 쉽게 일어나고 있지요. 실제로 메르스는 야생 박쥐가 먹을 것을 찾으러 마을까지 내려왔다가 가축 낙타에게 바이러스를 옮겨 사람에게까지 전해진 것이라고 해요. 사스 또한 박쥐를 먹은 사향고양이를 통해 사람에게 옮겨진 것이라고 하지요.

게다가 환경 오염으로 지구 기온이 점점 오르면서 세균이나 바이러스가 살기 좋은 조건이 갖춰졌어요. 병원체를 옮기는 모기 같은 곤충이 활동하는 기간도 길어지고요.

지금도 지구 곳곳에서 자연과 환경이 파괴되고 있어요. 또 어떤 무시무시한 질병이 나타나 우리를 괴롭힐지 몰라요. 우리가 자연을 아끼고 보호하면 새로운 질병이 생겨나고 전파되는 것을 막을 수 있겠지요?

질병에 대비하는 법, 백신

교통 발달로 나라 간 교류가 활발해지며 질병이 더 빨리 더 넓게 퍼지고 있어요. 전염병을 효과적으로 예방하는 수단은 바로 백신이에요. 제너와 파스퇴르 이후로도 백신 연구는 계속됐어요. 다양한 백신이 개발돼 우리를 위협하는 질병으로부터 건강을 지켜 주지요.

예방 접종으로 얻는 면역

아기가 태어나서 얼마 지나면 처음으로 B형 간염 백신을 접종해요. 간은 우리 몸에서 아주 중요한 역할을 하는 장기예요. 때문에 간염 바이러스의 공격으로 문제가 생기지 않도록 간을 보호하는 것이지요. 이후에도 결핵, 백일해, 폴리오 등 다양한 종류의 백신을 접종해 살아가면서 필요한 면역을 미리 갖춰요.

우리나라는 국민 건강을 위해 백신 접종률을 높이려고 노력하고 있어요. 필수 예방 접종 항목을 정해, 백신을 무료로 맞을 수 있도록 지원하지요. 코로나바이러스 감염증-19가 무섭게 유행할 때도 백신을 접종한 적 있고요. 이렇게 백신 접종률이 높아지면 그만큼 질병이 퍼질 위험이 줄어요.

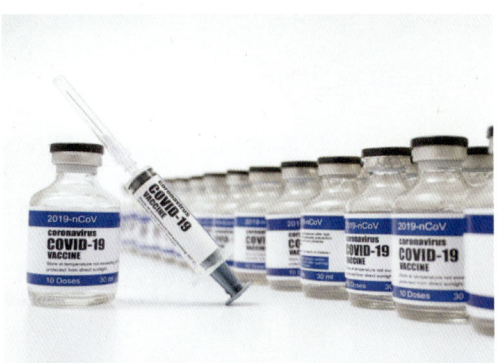

건강을 지키는 보호막, 백신

한 번 맞으면 평생 면역이 생기는 백신도 있지만, 독감 백신처럼 해마다 접종해야 하는 것도 있어요. 주로 사람에게 병을 불러오는 독감 바이러스 종류는 두 가지뿐이지만, 쉽게 변이를 일으키는 고약한 특징이 있기 때문이에요.

매년 세계보건기구(WHO)는 그해 겨울에 유행할 독감 바이러스의 변이 형태를 예측해요. 그러면 제약 회사는 이를 바탕으로 새로운 백신을 만들어 내지요. 독감 백신은 최대 80퍼센트 이상의 예방 효과를 보인다고 해요.

이처럼 연구진은 새롭게 나타나는 질병이나 변이를 끊임없이 연구해 인류의 건강과 안전을 지켜 주고 있어요.

질병을 정복하는 그날까지

질병을 치료하는 데 백신과 약이 꼭 필요해요. 이미 세상에 수많은 치료제가 나왔어도 연구가 활발하게 진행되고 있어요. 새로운 질병이 생겨나기도 하고, 기존 약보다 효과가 좋거나 부작용이 적은 약이 필요하니까요. 신약을 개발하는 것은 쉬운 일이 아니에요. 많은 전문가와 기관이 힘을 모아야 하지요.

신약 개발은 어떻게 이뤄질까?

신약은 복잡한 단계를 거쳐 세상에 나와요. 신약 개발의 첫 번째 단계는 질병을 연구하는 일이에요. 질병이 왜 생기는지를 알아야 어떻게 치료할지 계획을 세울 수 있으니까요.

다음으로 치료 효과가 있을 것으로 예상되는 후보 물질을 찾아요. 후보 물질을 만 가지나 찾아도 겨우 하나 정도 성공할 수 있다고 하니 보통 어려운 일이 아니지요?

이렇게 찾은 후보 물질 중에서 효과와 안전성이 뛰어나 보이는 몇 가지를 골라 실험을 진행해요. 먼저 연구실에서 세포를 길러 시험하고, 그다음 동물을 대상으로 시험하지요. 혹시 나타날지 모를 부작용을 막기 위해서 시험을 충분히 거쳐 효과와 안전성을 꼼꼼하게 따지는 것이랍니다.

동물 실험을 통과한 약은 허가를 받아야 사람을 대상으로 하는 임상 시험을 시작할 수 있어요. 처음에는 건강한 사람을 대상으로, 다음으로 해당 질병을 앓고 있는 환자를 대상으로 시험을 거쳐요.

이렇게 나온 결과를 바탕으로 효과뿐 아니라 안전성이 충분히 밝혀지면 식품의약품안전처 허가를 받아 드디어 세상에 신약이 나오게 되지요.

기술과 제도가 발전하면서 빨라지고 있기는 하지만, 신약 하나가 개발되려면 세월이 10년 넘게 걸린다고 해요. 정말 어렵고 긴 과정이지만 암 같은 큰 병을 앓는 환자를 위해, 또 새로운 치료제가 필요한 환자를 위해 많은 사람이 한마음 한뜻으로 노력하고 있답니다. 세상의 모든 질병을 정복하는 그날까지, 파이팅!

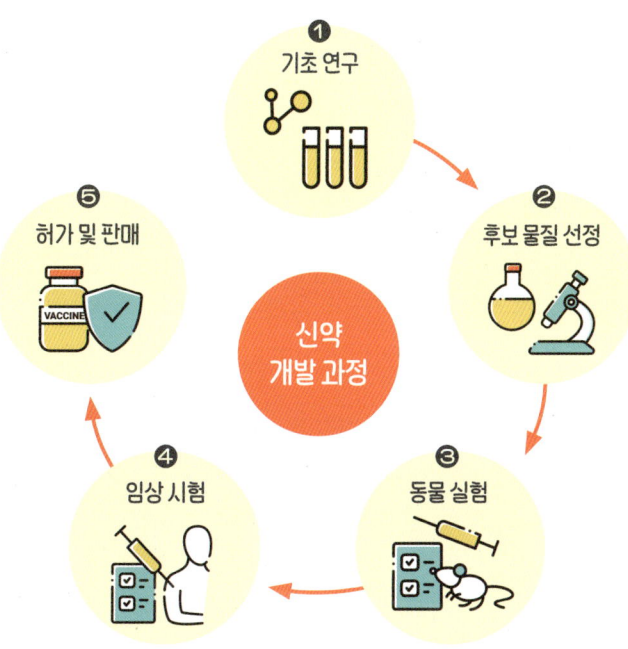

질병 예방과 치료를 위한 노력

면역과 노화

- 나이가 많이 들면 자연스럽게 면역 체계도 노화됨. ➡ 면역 세포의 기능이 떨어지고, 면역 세포를 만들어 내는 능력도 줄어듦. ➡ 노화가 진행될수록 감염에 약해져 질병에 걸리기 쉬움.
- 누구든 노화를 피할 수 없음. 하지만 세포가 노화되는 속도를 늦춰 면역 체계를 오래도록 건강하게 지킬 수 있음. ➡ 건강한 식습관과 생활 습관을 가지는 것이 중요함.

환경 파괴와 질병

- 자연이 파괴되면서 야생 동물이 가축 또는 사람과 접촉하는 일이 잦아졌음. ➡ 전보다 바이러스가 빠르게 퍼지고 변이가 쉽게 일어나 새로운 질병이 나타남.
- 환경 오염으로 지구 기온이 점점 오르면서 세균과 바이러스가 살기 좋은 조건이 갖춰짐. 병원체를 옮기는 곤충이 활동하는 기간도 길어짐.

질병과 백신

- 교통 발달로 세계 교류가 활발해져 질병이 더 쉽게 퍼짐. ➡ 백신으로 전염병을 효과적으로 예방할 수 있음.

- 우리나라는 질병을 예방하기 위해 다양한 백신을 갖추고 예방 접종을 지원함.
- 한 번 맞으면 평생 면역이 생기는 백신도 있지만, 독감 백신처럼 해마다 접종해야 하는 것도 있음. 독감 바이러스는 쉽게 변이를 일으키기 때문임.
- 새롭게 나타나는 질병이나 변이를 연구해 인류의 건강과 안전을 보호함.

신약 개발 과정

- 질병을 막으려면 백신과 치료제를 개발하는 일이 중요함.
- 신약은 기초 연구 ➡ 후보 물질 선정 ➡ 동물 실험 ➡ 임상 시험 ➡ 허가 및 판매 등 복잡한 과정을 거쳐 세상에 나옴. 부작용을 막기 위해서 효과와 안정성을 꼼꼼하게 따지기 때문임.

의학과 기술이 만나면

과학기술이 발달하면서 의학 분야에도 새로운 바람이 불고 있어요. 과학기술은 질병을 진단하고 관리하는 것뿐 아니라, 치료제에 이르기까지 폭넓은 영역에서 도움을 주고 있지요.

인공지능 의사

정보 기술 기업 IBM이 개발한 인공지능 프로그램, 왓슨(Watson)은 발견하기 어려웠던 특수한 백혈병을 빠르게 찾아내서 화제가 되었어요. 사람이 했으면 2주일 넘게 걸렸을 일을 단 10분 만에 해치워 놀라움을 안겨 주었지요. 백혈병 증상과 진단에 대한 수많은 의학 자료를 학습해 가능한 일이었어요. 인공지능은 질병 진단뿐 아니라 다양한 의료 영역에서 의사와 함께 일하며 생명과 건강을 지키고 있답니다.

인공지능 왓슨을 암 치료에 활용하는 모습

약 대신 디지털 치료제

치료제 하면 약이나 주사가 먼저 생각날 거예요. 최근에는 디지털 치료제가 새롭게 떠오르고 있어요. 디지털 치료제는 쉽게 말해 질병을 치료하고 건강을 관리해 주는 프로그램이에요. 디지털 치료제는 2017년 미국 식품의약국(FDA)이 약물 중독 치료용 애플리케이션 리셋(reSET)을 허가하면서 주목받기 시작했어요.

한편 우리나라에서도 2023년에 불면증 치료 목적의 애플리케이션 솜즈(Somzz)가 디지털 치료 기기로써 첫 승인을 받았지요. 솜즈는 알림 메시지를 이용해 불면증을 불러오는 마음 상태나 행동을 바로잡아 준다고 해요. 이렇게 과학 기술이 의학과 만나며 부족한 부분을 채워 주고 있어요. 앞으로 개인에 맞는 새로운 의료 서비스를 만들어 내는 데 중요한 역할을 할 것으로 기대해요.

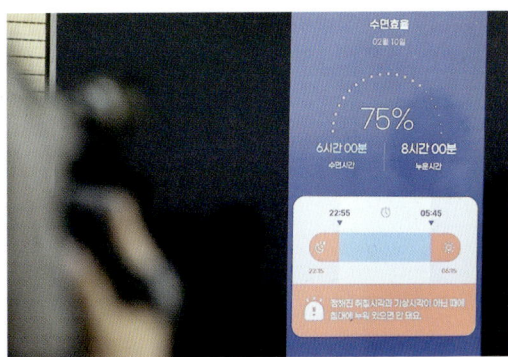

불면증 치료를 위한 애플리케이션 솜즈

1화 역사 – 질병과 맞서 싸워 온 인류

1 다음 글을 읽고 괄호 안에 들어갈 단어를 적어 봐요.

> 미생물은 맨눈으로 볼 수 없는 아주 작은 생명체예요. 우리 주위에는 무수히 많은 미생물이 있어요. 그중에서도 우리 몸에 병을 일으키는 미생물을 (　　　　)라고 불러요.

2 다음 표의 빈칸에 들어갈 단어를 각각 적어 봐요.

㉠	㉡
• 병의 원인임. • 생물의 특징을 갖추어 스스로 살아감. • 세포를 억제하거나 죽이는 항생제로 치료함.	• 병의 원인임. • 혼자서는 살 수 없어 다른 세포에 기생함. • 불안정한 상태여서 변이를 자주 일으킴.

㉠ : _____　　㉡ : _____

3 다음 문장을 읽고 맞으면 ○, 틀리면 ×표시를 해 봐요.

- 흑사병이 유행하며 중세 유럽 사회에 변화가 생겼어요. (   )
- 스페인 독감이 퍼지며 제1차 세계 대전이 시작됐어요. (   )
- 코로나19 시대에는 정보 통신 기술이 크게 발전했어요. (   )

4 백신에 대한 설명으로 틀린 것을 골라 봐요.

① 예방 접종에 쓰이는 약물을 백신이라고 해요.
② 종두법은 지금의 백신과 비슷한 원리예요.
③ 파스퇴르는 닭 콜레라를 연구하다가 백신을 개발했어요.
④ 백신은 균의 독성을 강화시켜서 만들어요.

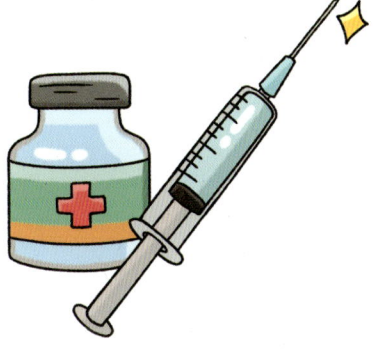

2화 인체 – 우리 몸의 면역 체계

1 우리 몸의 1차 방어벽은 병원체가 몸속 깊이 들어오지 못하게 막아 줘요. 다음에서 1차 방어벽에 어울리지 <u>않는</u> 것을 골라 봐요.

피부

코털과 속눈썹

호흡기 점액

면역 세포

_____

2 다음 문장을 읽고 맞으면 ○, 틀리면 ×표시를 해 봐요.

- 대식 세포는 병원체를 잡아먹어 분해해요. (   )
- 자연 살해 세포는 암세포나 감염된 세포를 공격해 제거해요. (   )
- T 세포는 병원체 조각을 내걸어 다른 세포에게 알려요. (   )

3 알맞은 설명을 찾아 선으로 이어 봐요.

① 적혈구 •　　　　　• ㉠ 병원체로부터 우리 몸을 지켜 줘요.
② 백혈구 •　　　　　• ㉡ 온몸의 세포에 산소를 전달해요.
③ 혈소판 •　　　　　• ㉢ 상처가 생기면 엉겨 붙어 피를 멎게 해요.

4 괄호 안에 공통으로 들어갈 단어를 〈보기〉에서 찾아 적어 봐요.

면역 세포가 만들어지거나 성숙하는 곳을 1차 (　　　　), 면역 세포가 병원체를 공격해 면역 반응을 일으키는 곳을 2차 (　　　　)라고 해요.

　　　　림프관　　　림프액　　　림프샘　　　림프 기관

3화 개념 - 면역 세포가 하는 일

1 우리는 태어나면서부터 몸을 방어할 힘을 가지는데, 이것을 자연 면역 또는 선천 면역이라고 해요. 선천 면역에 해당하지 않는 것을 골라 봐요.

① 피부와 털
② 호흡기 점액
③ 대식 세포
④ T 세포

2 다음 글을 읽고 괄호 안에 들어갈 단어를 각각 적어 봐요.

> B 세포는 성숙하면서 침입자에게 반응하는 (㉠   )를 만들어요. 마치 열쇠와 자물쇠처럼 서로 꼭 맞는 (㉡   )을 만나야 반응을 일으키지요.

㉠ : _____   ㉡ : _____

3 괄호 안에 공통으로 들어갈 단어를 〈보기〉에서 찾아 적어 봐요.

> (   )가 분화하면 일부는 한꺼번에 많은 항체를 만들어 내는 형질 세포가, 다른 일부는 항원에 대한 정보를 저장하고 기억하는 기억 (   )가 돼요.

보기

대식 세포   B 세포   T 세포

---

4 알맞은 설명을 찾아 선으로 이어 봐요.

① 킬러 T 세포 •   • ㉠ 신호를 보내 면역 반응 균형을 맞춰요.

② 보조 T 세포 •   • ㉡ 비정상 세포를 구별해 파괴해요.

③ 조절 T 세포 •   • ㉢ 면역 세포가 활동하도록 명령을 내려요.

107

4화 의학 – 면역 체계 이상으로 생기는 질병

1 봄이 와서 꽃가루가 날리기 시작하면 이것으로 고생하는 사람이 많아요. 조절 T 세포가 제 역할을 하지 못해 면역 반응이 과하게 일어나기 때문이지요. 이것은 무엇인가요? 〈보기〉에서 찾아 적어 봐요.

> **보기**
>
> 알레르기   에이즈   류머티즘성 관절염

_____

2 다음 문장을 읽고 맞으면 ○, 틀리면 ×표시를 해 봐요.

- 면역 결핍은 흔하게 생기는 병이에요. (   )
- 에이즈에 감염되면 면역 기능이 크게 떨어져 감기에만 걸려도 위험할 수 있어요. (   )
- 면역 체계가 자기 조직이나 세포를 공격해 생기는 여러 가지 질병을 자가 면역 질환이라고 해요. (   )

3 백혈병에 대한 설명으로 <u>틀린</u> 것을 골라 봐요.

① 혈액 속에 비정상 백혈구 수가 지나치게 많아지는 병이에요.
② 적혈구가 줄면 빈혈로 얼굴빛이 나빠지고 어지럼증·두통 등이 나타나요.
③ 백혈구가 줄면 면역력이 강해져 감염이 덜 일어나요.
④ 혈소판이 줄면 피가 잘 멎지 않고 멍이 자주 들어요.

4 암세포와 정상 세포는 모두 세포이기 때문에 분열하는 공통점이 있어요. 둘의 차이점은 무엇일까요? 서술형 문항 대비 ✓

살금 살금
ccc

5화 생활 – 질병 예방과 치료를 위한 노력

1 다음 문장을 읽고 맞으면 ○, 틀리면 ✕표시를 해 봐요.

- 나이가 많이 들면 자연스럽게 면역 체계도 노화돼요. (   )
- 노화가 일어나면 면역 세포의 기능이 떨어지고, 면역 세포를 만들어 내는 능력도 줄지요. (   )
- 노화를 늦추려면 되도록 운동을 멀리해야 해요. (   )

2 과학과 의학이 발달한 현대에도 새로운 질병이 자꾸 나타나는 이유가 무엇일까요? `서술형 문항 대비 ✓`

3 독감 백신을 해마다 맞아야 하는 이유로 바른 것을 골라 봐요.

① 해마다 유행하는 바이러스 종류가 같기 때문이에요.
② 독감 바이러스 종류는 200여 종이 넘기 때문이에요.
③ 독감 바이러스는 쉽게 변이를 일으키기 때문이에요.
④ 독감 백신의 예방 효과가 30퍼센트 정도로 낮기 때문이에요.

4 신약 개발 과정을 순서대로 나열해 봐요.

> ㉠ 후보 물질 선정　　㉡ 기초 연구　　㉢ 임상 시험
> 　　㉣ 동물 실험　　㉤ 허가 및 판매

_____

정답 및 해설

1화

1. 병원체
··· 미생물 가운데 병의 원인이 되는 본체를 병원체라고 불러요. (☞ 16쪽)

2. ㉠ 세균, ㉡ 바이러스
··· ㉠은 세균에 대한 설명이고, ㉡은 바이러스에 대한 설명이에요. (☞ 18~19쪽)

3. O, X, O
··· 1918년에 발생한 스페인 독감으로 군인을 포함한 수많은 사람이 목숨을 잃었어요. 그러면서 제1차 세계 대전이 끝나게 됐지요. (☞ 20~21쪽)

4. ④
··· 백신은 병원체의 독성을 약화시켜서 만들어요. (☞ 24~25쪽)

2화

1. 면역 세포
··· 병원체가 피부, 코털과 속눈썹, 호흡기 점액 등 1차 방어벽을 뚫고 몸속으로 들어오면 면역 세포가 공격을 시작해요. (☞ 36~38쪽)

2. O, O, X
··· 병원체 조각을 내걸어 알리는 것은 대식 세포 같은 항원 제시 세포의 역할이에요. T 세포는 침입자에 맞춰 공격하는 특징이 있어요. (☞ 38~41쪽)

3. ①-㉡, ②-㉠, ③-㉢
··· 적혈구는 온몸의 세포에 산소를 전달해요. 백혈구는 병원체로부터 우리 몸을 지켜 주지요. 혈소판은 상처가 생기면 엉겨 붙어 피를 멎게 해요. (☞ 42쪽)

4. 림프 기관
··· 면역 세포가 만들어지고, 훈련을 받아 성숙하고, 병원체와 싸워 면역 반응을 일으키는 림프 기관에 대한 설명이에요.
(☞ 44~45쪽)

3화

1. ④
··· T 세포는 병원체와 맞섰던 경험을 통해 쌓는 적응 면역을 담당해요. (☞ 56~61쪽)

2. ㉠ 항체, ㉡ 항원
··· B 세포는 성숙하면서 침입자에게 반응하는 항체를 만들어요. B 세포의 항체는 마치 열쇠와 자물쇠처럼 서로 꼭 맞는 항원을 만나야 반응을 일으켜요. (☞ 56쪽)

3. B 세포
··· B 세포는 자극을 받아 항체를 대량으로 생산하는 형질 세포와 항원 정보를 저장하는 기억 B 세포로 분화해요. (☞ 57쪽)

4. ①-㉡, ②-㉢, ③-㉠
··· 킬러 T 세포는 비정상 세포를 구별해 파

괴해요. 보조 T 세포는 면역 세포가 활동하도록 명령을 내리지요. 조절 T 세포는 신호를 보내 면역 반응 균형을 맞춰요.
(☞ 58~59쪽)

4화

1. 알레르기
⋯▶ 조절 T 세포는 면역 반응 균형에 중요한 역할을 해요. 이 역할이 제대로 이루어지지 않았을 때 면역 반응이 과하게 일어나 알레르기 증상이 나타나요. (☞ 72~73쪽)

2. X, O, O
⋯▶ 면역 결핍은 흔하게 생기는 병이 아니에요. 면역 세포를 만들지 못하는 유전적 문제를 가지고 태어나거나, 또는 면역 세포를 파괴하는 바이러스에 감염돼 생기기도 해요.
(☞ 73~75쪽)

3. ③
⋯▶ 백혈구가 줄면 면역력이 약해져 감염이 쉽게 일어나요. (☞ 76~77쪽)

4. 본문을 참고해 적어 봐요.
⋯▶ 정상 세포는 필요한 만큼을 채우면 분열을 멈추지만, 암세포는 분열을 멈추지 않고 계속 늘어나 결국에 몸의 기능을 마비시켜요.
(☞ 78~79쪽)

5화

1. O, O, X
⋯▶ 노화를 늦추려면 운동을 꾸준히 해야 해요. (☞ 91쪽)

2. 본문을 참고해 적어 봐요.
⋯▶ 자연이 파괴되면서 야생 동물이 사람과 가까운 데로 사는 곳을 옮기게 됐어요. 그러다 보니 전보다 바이러스가 빠르게 퍼지고 변이가 쉽게 일어나지요. 또 지구 기온이 오르면서 세균이나 바이러스가 살기 좋은 조건이 갖춰졌어요. 병원체를 옮기는 곤충이 활동하는 기간도 길어지고요. (☞ 93쪽)

3. ③
⋯▶ ① 독감 바이러스는 해마다 유행하는 종류가 달라요. 예방을 위해서 매해 백신을 챙겨 맞으면 좋지요. ② 주로 사람에게 병을 불러오는 독감 바이러스 종류는 두 가지뿐이지만 변이를 쉽게 일으켜요. ④ 독감 백신은 최대 80퍼센트 이상의 예방 효과를 보인다고 해요. (☞ 95쪽)

4. ㉡-㉠-㉣-㉢-㉤
⋯▶ 기초 연구, 후보 물질 선정, 동물 실험, 임상 시험, 허가 및 판매, 이러한 과정을 차례로 거쳐 신약이 세상에 나와요.
(☞ 96~97쪽)

찾아보기

ㄱ
그랜자임 ……………………………… 40, 58

ㄴ
노화 ……………………………… 78, 90~91

ㄷ
독감 ……………………………… 28~29, 92, 95
동물 실험 ……………………………… 96~97
디지털 치료제 ……………………………… 101

ㄹ
류머티즘성 관절염 ……………………………… 75
리소좀 ……………………………… 38~39

ㅁ
마마 ……………………………… 22
메르스 ……………………………… 93

ㅂ
백신 ……………………… 24~25, 28~29, 94~96
변이 ……………………… 19, 21, 92~93, 95

ㅅ
사스 ……………………………… 92~93
사이토카인 ……………………………… 61, 64
세계보건기구 ……………………………… 23, 82, 95
스페인 독감 ……………………………… 21
식품의약품안전처 ……………………………… 97

ㅇ
알러젠 ……………………………… 73
알레르기 ……………………… 43, 59, 65, 72~73
에이즈 ……………………………… 74
예방 접종 ……………………… 22, 24, 41, 83, 91, 94
우두 ……………………………… 22~24
인공지능 의사 ……………………………… 100
인플루엔자 바이러스 ……………………… 21, 28~29, 92
임상 시험 ……………………………… 96~97

자연 면역 ·············· 56, 60, 64
적응 면역 ·············· 60, 64
전신 홍반 루푸스 ·············· 75
제너 ·············· 22~24, 94
종두법 ·············· 22~24

천연두 ·············· 22~23

ㅋ
코로나바이러스 ·············· 21, 92~93
코로나바이러스 감염증-19 ·············· 92, 94

파스퇴르 ·············· 24~25, 94
퍼포린 ·············· 40, 58
페스트균 ·············· 20

ㅎ
항원 ·············· 48~49, 56~59, 61, 73~74
항체 ·············· 56~58, 60~61, 73
흑사병 ·············· 20~21

DNA ·············· 18~19
HIV ·············· 74
MHC ·············· 48~49

115

초등 교과 과정에 알맞게 개발한 통합교과 정보서

참 잘했어요 과학

하나의 과학 주제를 다양한 분야에서 살펴보는 통합교과 정보서입니다.
재미있는 스토리와 서술형 평가에 대비하는 워크북도 함께 실었습니다.
서울과학교사모임의 꼼꼼한 감수로 내용의 정확도를 높였습니다.

1 또 하나의 가족 **반려동물**
2 범인을 찾아라! **과학수사**
3 뼈만 남았네! **공룡과 화석**
4 과학을 타자! **놀이기구**
5 약이야? 독이야? **화학제품**
6 두 얼굴의 하늘 **날씨와 재해**
7 고수의 몸짱 비법 **운동과 다이어트**
8 이젠 4차 산업 혁명! **로봇과 인공지능**
9 과학을 꿀꺽! **음식과 요리**
10 외계인의 태양계 보고서 **우주와 별**
11 나 좀 살려 줘! **환경과 쓰레기**
12 시큼시큼 미끌미끌 **산과 염기**
13 시원해! 상쾌해! **화장실과 똥**
14 대비해! 대피해! **지진과 안전**
15 이게 무슨 소리?! **음악과 소음**
16 세상에서 가장 착한 초록 **반려식물**
17 가슴이 콩닥콩닥 **성과 사춘기**
18 눈이 따끔, 숨이 탁! **미세먼지**
19 미생물은 힘이 세! **세균과 바이러스**
20 그 옛날에 이런 생각을?! **전통과학**
21 땅속에서 무슨 일이?! **보석과 돌**
22 줄을 서시오! **원소와 주기율표**
23 드라큘라도 궁금해! **피와 혈액형**
24 불 때문에 난리, 물 때문에 법석! **기후 위기**
25 결정은 뇌가 하지! **뇌와 AI**
26 지켜 주지 못해 미안해! **멸종 동물**
27 생명이 꿈틀꿈틀! **바다와 갯벌**
28 가상에 쏙, 현실이 짠! **메타버스**
29 작지만 무서워! **미세 플라스틱**
30 세상이 번쩍, 생각이 반짝! **전쟁과 발명**
31 어제는 패션, 오늘은 쓰레기! **패스트 패션**

글 신방실 외 | 그림 시미씨 외 | 감수 서울과학교사모임
값 1~10권 10,000원, 11~25권 11,000원, 26~31권 13,000원